不可能を可能にする大谷翔平120の思考

ぴあ

不可能を可能にする　大谷翔平１２０の思考

はじめに

スーパースターは不可能を可能にする。

ファイターズ・大谷翔平は、プロ野球史上でも稀な〝二刀流〟に挑戦し、投打ともに結果を出し、スターへの階段を駆け上がっている。

グラウンドではひときわ華のある選手。プレーは「日本初」「プロ野球史上最速」という派手なフレーズで表現されるが、本人は穏やかな言葉遣いを貫く。大谷が口にする言葉は、自身の内面を掘り下げて歩んできた「思考力」で構築されているからだ。

挑戦、苦悩、向上心、素顔、克己心、哲学。若きスターの「思考」はスポーツ界のみならず、無限の可能性を秘めた子どもの導き方から、仕事への取り組み方まで様々な人生に反映出来るヒントがちりばめられている。

毎日の小さな決断、人生の大きな目標について、いかに考え、取り組むべきか。考えが変われば行動が変わり、その積み重ねが運命の変化をもたらす。不可能を可能にする大谷の「思考」は、私たちの日常にも進むべき光を与えてくれる。

CONTENTS

第1章 挑戦

第4章 素顔

CONTENTS

第5章 克己心

89
僕はマイナス思考なんです。
だから弱点が見えたら
しっかり直して塗り潰したい

90
悔しい思い出しかない

91
食事内容はどこに行っても変わりません。
トレーニングの内容も変えたくありません

92
必死になって取りにいこうと
自分に言い聞かせました

93
その日に起きた良かったこと、悪かったこと。
自分が感じて「次にこういうことをやろう」
という内容を書き込むようにしています

94
結果を出すために
やり尽くしたといえる1日1日を
誰よりも大事に過ごしてきました

95
盛り上がってくれて嬉しいです。
しかし、もう切り替えています

96
想定内で発揮出来る力が自分の実力。
計算出来ない部分は
あまり必要じゃないかなって思うんです

97
周りから多少持ち上げられても
父の言葉で身が引き締まりました

98
練習を誰かと一緒にやるのは嫌です。
トレーニングを見られるのも嫌です

99
たとえ痛みがあったとしても
抑えられるピッチャーにならなくてはいけない

100
二刀流向きの手なんです

第6章 哲学

101
レベル100の全スキルを持っているのは
野球の神様だけ。だから、ここまで野球が
うまくなったんだということを自分の中に残したい

102
出来るか出来ないかよりも
誰もやっていないことをやってみたい

103
先入観は可能を不可能にする

デザイン
金井久幸
［TwoThree］

DTP
TwoThree

第1章

挑戦

1 〝誰もやったことがないことをやりたい〟という気持ちがすごくあります

高校時代からずっと〝前人未踏〟を成し遂げてきた。岩手・花巻東では3年夏の県準決勝の一関学院戦で、アマチュア野球史上最速160キロをマーク。プロ入り後も「史上初」の連続だ。プロ初登板の2013年5月23日ヤクルト戦（札幌ドーム）は新人初登板で松坂大輔（当時西武、現ソフトバンク）の155キロを上回る157キロ、16年10月16日ソフトバンク戦（札幌ドーム）ではついに165キロ。そして、打者としても開花した2016年は、投打にわたる「10勝、100安打、20本塁打」に到達し、ベストナインは投手、指名打者の2部門ダブル受賞。いずれも日本プロ野球史上初の快挙だった。

「最初に〝目標160キロ〟と言った時は〝無理じゃないか〟と言う人たちもいました。そう言われると、絶対やってやるという気持ちになる。刺激というか、やる気になる」

反骨心を原動力としたパワーは、自分の限界を突破する。これからも「史上初」の壁を破り続ける。

asics
FIGHTERS

2 投手の方が自信あります。勝った時は一番注目されますし長所を活かすには投手かなと

「投手・大谷」がドラフト候補として注目を浴びる中、当時は各球団から「打者」としての評価が高かった。高3で迎えた2012年、18U世界選手権。第1戦のカナダ戦で「4番・投手」で先発した大谷は3回⅓で降板。5位決定戦は7回2失点も、韓国に敗れた。

一方、同選手権は国際大会のため木製バットを使用。センバツ出場時は、当時大阪桐蔭の藤浪晋太郎（阪神）から本塁打を放つ実力の持ち主ではあったが、木製バットで打率3割をマークし、チーム最多打点を飾ったのだ。金属から木製への順応性が高かったことから、一気に打者としての注目度がアップした。

当時は「複雑ですね。バッティングがここまで良くなると思っていなかったので」としていたが、結果を出している投手、潜在能力を買われた打者の兼務でプロ入り。現在の大谷は投打兼務が当たり前になりつつあるが、もともとは投手として身を立てるつもりだった。自分の評価と他人の評価。両方に聞く耳を持てば、可能性は広がる。

第1章　挑戦

FIGHTER
ホクレン
NH
Nipponham

3
限界が見えるまで やっていきたいと思っています

メジャーか、ファイターズ入りか。

当時18歳だった大谷は、2012年ドラフトで日本中の注目を集めた。

球団側は交渉時にプレゼン資料「大谷翔平君 夢への道しるべ〜日本スポーツにおける若年期海外進出の考察〜」を用意し、日本人選手が日本球団を経由して移籍した場合と、直接挑戦した場合のデータを挙げて説明。熱意だけでなく、根拠に裏打ちされた内容が大谷の心を動かし、ファイターズ入団を決意した。育成方針を投手、打者のいずれかに絞らず、投手兼野手という異例の〝二刀流〟による育成を打ち出したことも大きかった。

入団を決めた後は、きっちり気持ちを切り替えた。「防御率をしっかりとって、チームの打者に楽に打ってもらえるようにするのが仕事だと思う」として、目標を投手では沢村賞、打者では打点王獲得に設定。投打にわたるトップ選手への決意を口にした。

限界が見えるまで。その限界を押し上げるのも自分自身だ。

4 〝世界一のピッチャー〟と言われるようになりたい

憧れの人は、日本球界のパイオニア・野茂英雄氏。

2016年2月、その野茂氏が米国アリゾナのファイターズ春季キャンプを視察した。トルネード投法で米国球界を席巻した大スターに、大谷は「歴史に残る投手だと思いますし、〝野茂さんがいなかったら……〟という思いはあります」と尊敬の念。日本人選手がメジャーで活躍する姿を幼い頃から見聞きしていたからこそ、口にした目標だ。

「野茂さんもそうですし、成功すればそういう道も拓けると思うので。松坂大輔選手、田澤純一選手のように一流選手が米国へ行く姿を見たら、野球選手なら誰でもそこでやってみたいと思う」。日本人選手が太平洋を越える姿を子どもの頃から見てきた世代は、昭和世代よりも海外をより近くに感じている。野茂氏は同年11月、米国のスポーティング・ニューズ誌が特集した「メジャーの歴史を変えた40人」に日本人選手でただひとり選出された。理想は大きく、目標は着実に。大谷もまた、ひとつひとつ歴史の扉を開いていく。

5　世界の歴史に残るような記録を作りたい

当時は、岩手県の一高校生が抱いた壮大な夢。しかし、大谷は周囲に〝もしかしたら〟という可能性を抱かせる存在だった。

高校当時からメジャー行きを熱望し、夢見るだけでなく、その後の目標を設定していた。「まずは、日本人最多勝利。それと、日本人は米国では殿堂入りしていないですよね」と殿堂入りもリサーチ済み。

さらに、その道程は具体的だ。「イチロー選手は入ると思うので、ピッチャーとして最初になりたい。（殿堂入りには）メジャーで最低16年はやらないといけないので、30歳近くになってからでは遅いと思います」と長期的展望まで見通していた。

プロ4年目にして、日本の球速最速記録165キロをマーク。さらには、世界最速の169キロ更新について「あと4キロ。一番速い球を投げられるのなら投げてみたい」と意欲を見せた。壮大な夢は、正しい努力を続ければ、いつか現実になる。

6　160キロを目標にした時出来ないと決めつけたら終わりだと思って3年間やってきました

もちろん、目標を立てたからといって、全てが可能となるわけではない。夢破れて去る者もいる。志半ばで諦める人もいる。共通して言えることは、夢を描かなければそれに近づくことは出来ないということだ。

高校時代に160キロを目標に掲げた時も、自分では当初150キロに設定していた。さらに上の数字を目指すべき、としたのは岩手・花巻東の佐々木洋監督だった。少年時代から、スポーツを教われば飲み込みが早く、「もっとうまくなりたい」と熱中。持って生まれた素養の上に、本人が積み重ねた努力があってこそ目標を達成することが出来た。

「出来ないと決めつけるのは嫌でした。ピッチャーが出来ない、バッターが出来ないと考えるのも本当は嫌だった。最後に160キロを投げられたのは自信になったと思います」

二刀流ならではの調整、練習量、メンタルの整え方。手探りの中で、支えになったものは、目標の種類は違っても、過去の自分が築き上げた自信だった。

7 メジャーはプロ野球で成績を残したからすんなりと行ける世界ではないです

日本球界ではなく、高校から直接の米球界入りを熱望していた。

しかし、ファイターズ入りを自分で決断した。あれから時を経て、大谷は日本球界をけん引する若きスターへと成長した。

いつの日か太平洋を渡る日も来るかもしれない——日本のファン、そして米球界関係者も「その日」を注目していたが、本人はプロ入りから数年間は「もともとは最初から行きたかったところですけど、今は考える余裕がなくなってきています。技術がゼロの時から行きたいところですから」と冷静に自分を見つめていた。

体作り、技術の習得、勝つためのコツ……。選手としての進化に興味が集中している。

「憧れは、あの時も今も変わらないです。技術が伴っているから、成長しているから行きたいというのはまったくない」

今、目の前にある課題をクリアする。大谷は「今の自分」と闘っている。

ホクレン
NIPPON-HAM

8 ここがスタート。投手は投手で、打者は打者で楽しいこともあります

プロ初登板初先発した2013年5月23日ヤクルト戦（札幌ドーム）。大物ルーキーの投手デビュー戦を一目見ようと、平日のナイターにもかかわらず開場前から約6000人以上のファンが列をなし、試合開始直前のスタメン発表では「ピッチャー、大谷」のアナウンスに大拍手が巻き起こった。

大谷の名前を書いた手製ボードを掲げるファンが大きな声援を送る中、初めての1軍マウンドは86球を投げて5回6安打2失点。勝敗はつかず「楽しかったですし、先輩の皆さんに助けてもらってありがたかった」と振り返った。

「調整法とか気持ちの切り替えは難しい。今日は今日で反省して、打席のことは打席のことでまた考えたい。どちらの課題も修正して、次の試合で勝って喜べたら。次は攻撃に活かせるようなリズムの投球をしたいです」

二刀流本格始動の日、主役は喜びに浸ることなく、進化することだけを考えていた。

9 打者では1点入れることができたので50点くらい。投手では試合を作れなかったので30点です

初めて同じ試合で投打先発出場を果たしたのは、2013年交流戦最終戦となった6月18日広島戦（マツダスタジアム）だ。

「5番・投手」で出場すると、目まぐるしい展開が待っていた。最初の局面は打者。裏の守備に備えてキャッチボールを始めたが、味方の攻撃が初回2死一塁となり、ネクストバッターズサークルへ移動。前の打者・中田翔が見逃し三振に倒れると、今度は再びベンチに戻り、投手用グラブに持ち替えた。

マウンドに上がると、初回に157キロをマーク。2回の攻撃では打者として右翼線二塁打、同点で迎えた5回無死満塁の場面で遊ゴロの間に走者が生還し、勝利打点を挙げた。投手は自己最短の4回3失点、打者としては3打数1安打1打点。プロ野球の中で歴史的な一戦を終え「楽しかったです」と話しつつも、楽しいだけでは終わらない。

自己採点は常に辛い。向上心が高い者は、現状に甘んじることはないのだ。

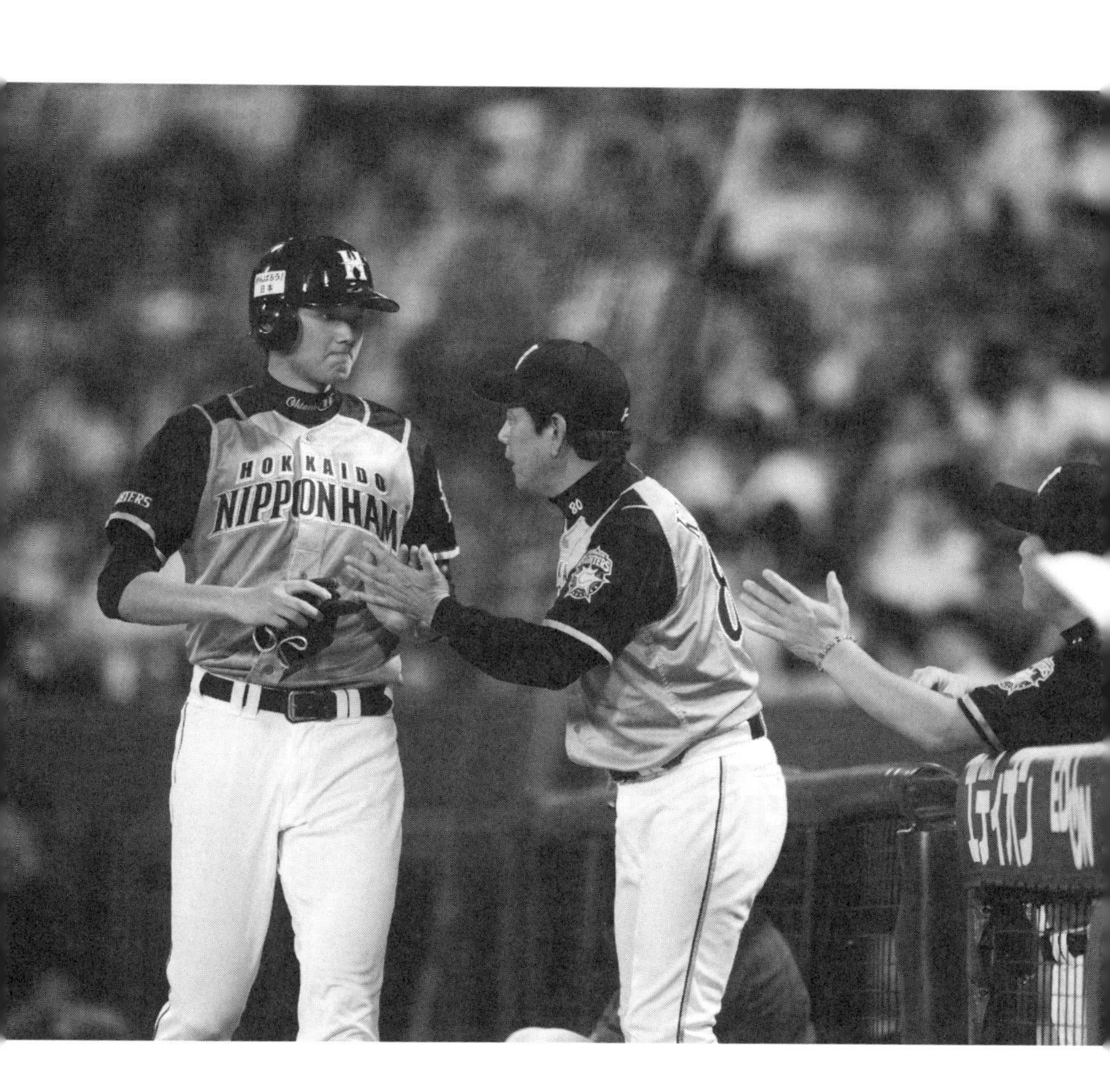
HOKKAIDO

10
僕の頭の中には、ない発想でしたから僕の想像を超えてくる感じはします

記録ずくめで日本中を驚かせてきた大谷が、度肝を抜かれた一戦がある。2016年7月3日ソフトバンク戦（ヤフオクドーム）。「1番・投手」で先発起用された試合だ。スタメン発表の瞬間、スタンドはどよめいた。一番驚いたのは大谷自身だ。「最初は〝これはないな、これはさすがに無理かな〟と思いました。だって、ホームランを打ってこいってことでしょ」

栗山英樹監督の狙いは、好調な打者に多くの打席を回すこと。同監督は、かつて相手の意表を突く戦術で知将と呼ばれた故・三原脩氏を尊敬しており、その三原氏が1971年に故・外山義明氏を「1番・投手」で起用していたのだ。大谷は打席へ行く前、チームメートにこう言った。「ホームラン狙って、空振りしてきます」

その言葉を上回り、初球をいきなり右中間へ。1番・投手の先頭打者本塁打はもちろん日本初。予想を超える指揮官の仕掛けが、大谷の潜在能力をさらに引き出す。

11
誰も投げていないボールを投げたいと思って研究しています

高校入学当時の球種は少なかった。豊富な球種を投げることが出来る中学生が増えていた中で、当時の変化球は縦に落ちる1種類のみ。本人も「カーブかスライダーかよく分からない」と振り返る。それが、高3の時点では主にスライダー、ほかにチェンジアップ2種類、フォークを操るようになった。チェンジアップは真下に落ちるもの、シュートしながら落ちるものを投げ分けるようになった。

プロ入り後は、徐々にフォークを多用。常時140キロ台の決め球として使い、2015年プレミア12では147キロを計測した。スライダーも切れが増し、ほぼ真横に変化する球として、変化球では最大の武器となった。2016年には120キロ台のカーブも使うようになり、緩急をつけた投球で幅が広がった。

既に日本球界最速165キロをマークしており、日本では「誰も投げていないボール」を投げているが、変化球の研究にも余念がない。現状に甘んじることなく上を目指す。

12 真ん中目がけて思い切り投げるだけなので何とか出て良かったと思います

トップレベルの選手が集うオールスター。その大舞台で大谷が魅せた。

２０１４年第2戦。初回の先頭・鳥谷敬（阪神）と対戦し、投球前に笑顔を見せると初球でいきなり自己最速記録を更新する１６１キロを計測した。続く2球目、ファウルされたが、球速は日本人最速の１６２キロ。場内が大きくどよめく中、大谷がはにかんだ。

当時、まだ20歳。オールスターでファンが楽しみにしていることを踏まえ「打たれる打たれないより、そこ（球速）を気にされてたと思うので……。シーズン中は１６０キロ台はないかなと思うけど、もっともっと練習して、高めていきたい」と話した。

そして２０１６年10月16日。クライマックスシリーズ第５戦（札幌ドーム）で、ついに日本最速を更新する１６５キロをマーク。スターは長嶋茂雄氏しかり、イチロー（マーリンズ）しかり、華のある舞台でこそ力を発揮する。スターの証明は、人の期待に応えることだ。年々遂げる進化のスピードは球速以上に早い。

13

変えなきゃいけないと思いました。今まで大事な試合で勝ち切れなかったのは自分の中に足りないものがあったからです

他罰的では成長がない。

乗り越えるべき課題を前に、原因をほかへ求めるのは、自発的な行動を放棄することを意味している。子どもの可愛らしい甘えとは異なり、マイナスの要素を周囲に振りまきながら行う、大人の甘えである。

大谷は自罰的な思考の持ち主だ。大一番でなかなか勝つことが出来ない理由を自分の中に探し続けてきた。「そういう意味では、僕にとって（２０１５年の）プレミア12はまたとないチャンスだった。これまで野球をやってきた中で一番と言っていいほど緊張するところで、どういうピッチングが出来るのか、どういう状態でマウンドに上がれるのか。すごく大事だなと思っていたので、入り方から何から変えてみようと思いました」

理不尽極まりない災難以外、自分の身の回りに起きることの大半は、自分の中に原因がある。向上心とは、己との対話を深めることなのかもしれない。

14
その壁を破りたい、勝ち切りたいという思いがありました

常々口にする課題があった。

「大事な試合で勝ち切れない」

ひとつ目は2015年に悔いを残している。クライマックスシリーズのファーストステージ第1戦でロッテを相手に早々と2回2／3で降板した。

「シーズン終盤の大事な試合やクライマックスシリーズという勝たなきゃいけない試合で勝ち切れなかった」

自問自答を続けた約1カ月後の同年11月、日本代表に選出されたプレミア12。そこには「大事な試合」を勝ち抜こうという大谷の姿があった。

ライバル・韓国との初戦は初回から161キロをマークし、三振を奪うたびに雄叫びを上げた。6回無失点10奪三振で勝利の立役者に。1カ月で技術が大きく変わったわけではない。心の持ちようが持てる技術を支え、体をベストな状態に動かしていくのだ。

15 いいバッターの反応を見ることはバッティングの参考になりますからどうしても興味を持ってしまいます

二刀流の大谷にとって、マウンドで対峙する打者は〝合わせ鏡〟でもある。自分の直球に相手がついてくるのか、変化球にはどう対応するのか。自分が打たれた場所は、裏返せば自分が打てるポイントとなる。

２０１５年プレミア12では、韓国の３番・金賢洙を観察した。結果として大会ＭＶＰに輝いた強打者。２０１６年に米オリオールズ入りした相手と対峙した。

11月８日の予選ラウンドは変化球で２奪三振。結果だけ捉えれば上々だが、１球だけ投じたカーブは「しっかり待たれて」ファウルされており、「あれは危なかった……」と振り返る。そして、同19日の準決勝はオール直球で３打席連続の空振り三振に仕留めた。

２０１６年の大谷の打撃成績は自己最高の打率・３２２。投手・大谷の〝やられた〟は、打者・大谷が〝やりました〟で裏返す。自分自身を反面教師にすればするほど、進化のスピードは他の追随を許さない。

16　気がついたら真っ直ぐしか投げていなかった

さすがの大物ルーキーも、この日は緊張していた。

2013年5月23日ヤクルト戦（札幌ドーム）。既に打者としては出場を重ねて打率・308としていたが、投手としてのプロデビュー戦だった。

地鳴りのような大歓声に包まれる中、初回の10球までは全て直球。「緊張して覚えていない。気がついたら真っ直ぐしか投げていなかった」と振り返る。

最速157キロ。86球のうち65球が直球という力の投球を見せ、ダルビッシュ有（当時ファイターズ、現レンジャース）がかつてマークした球場最速記録を更新した。

5回6安打2失点。失点は2回2死の場面から安打と四球で一、二塁とされ、中村悠平（ヤクルト）に甘く入った直球を左中間へ運ばれた。「セットポジションやクイックで課題が見つかった。攻撃にいい流れを持っていけなかった」。緊張、そしてプロの洗礼。初めての時こそ課題は見つかる。学びにはもってこいの場となった。

17 こんなスピードで上がっていくと思いませんでした

グラウンド外でも、大谷は急激なスピードで記録を塗り替えている。オフの風物詩、契約更改だ。

プロ入り後2度目の契約更改となった2014年は、高卒選手では球界最速タイの1億円プレーヤーに。高卒3年目での1億円プレーヤーは2001年松坂大輔（ソフトバンク）以来2人目となった。普段は質素な生活で知られる大谷だが、2015年は倍増の2億円に到達。高卒4年目での2億円は2008年ダルビッシュ有（レンジャース）以来で、こちらも球界最速タイ記録だった。

2016年は2億7000万円。こちらも高卒5年目の選手ではダルビッシュと並ぶ球界最高額をマークした。3億円を目前に、この契約更改の席上では、球団側から2017年オフ以降にポスティング・システムによるメジャー挑戦を容認する方針を示された。

才能におぼれない、努力の積み重ねが夢実現への最短距離となる。

18 試合の中で、やりたかったことが数多く出来ています

練習で出来るパフォーマンスのうち、試合で発揮出来る実力は数割と言われている。どんなに練習でキレッキレの技を見せても、肝心の試合ではいつも期待外れ。そんな内弁慶が続くうちに、周囲から「秘密兵器」と呼ばれ、秘密のまま選手生活が終わってしまう。少年野球にしても、大人のスポーツにしても、そんな経験をした人は少なくないだろう。

練習を実のある内容にするには、体の使い方を理解し、その理解を体に反映させることが必要。反復練習で体にしみこませた後は、試合に臨むにあたってのメンタル面が重要だ。

２０１６年は5月まで白星に恵まれなかったが、6月は4勝無敗、防御率０・29、41奪三振といういずれもリーグトップの数字で月間ＭＶＰを獲得した。中でも、防御率は31イニングでわずか自責点1という圧巻の内容だ。

「心技体」とはよく言ったもので、「心」が整った時に１００％のパフォーマンスが出る。

19

ピッチャーが出来ない バッターが出来ないと 決めつけるのは嫌でした

何事も、やってみてから考える。もしくは、やりながら考える。その方が結果として近道になる場合が多い。

投手専念か、打者専念か。大谷の高校卒業にあたって、誰もが二者択一をしなければならないと思い込んでいた中で、ファイターズが提案した二刀流は斬新なプランだった。出来ない理由よりも、出来る要素を探して歩んできた大谷にとっては「どちらが出来ないか」を考えることが苦痛だったのだろう。球団側の提案自体だけでなく、球団の姿勢に、ポジティブな物事の捉え方も感じ取ったに違いない。

では、二刀流が「出来た」とする基準は何なのか。「周囲の方々に判断していただければいいことだと思います。ここまでいったらということではなく、どんな時も、もっと上にという気持ち、そして覚悟を持ってやっていきたい」

出来るとするのは自分、出来たとみるのは他人。客観性も兼ね備えた、当時18歳。

20 今は、周りに何を言われても何も感じません。どちらかに絞るという感覚もありません

大きな夢を叶える前に、未知の領域に挑戦したかった。高校から直接のメジャー挑戦を志し、当初は応じなかったファイターズとの入団交渉。球団から二刀流での育成を提案され、「誰もやったことがないことをやってみたい」という大谷の心が動いた。周囲はざわついた。「160キロを投げることが出来る投手はそういないのだから、投手に専念すべき」「いや、打者の方に潜在能力が」。投打兼務は無理だという声が大勢を占めた。

しかし、大谷は揺るがない。

「そもそも、そういう考えがあったら、ここには来てなかったと思うので、今はずっと両方、やっていくという目標を持ってやってます。もちろん、両方をやってるというだけでなく、誰もやったことのない結果がついてくれれば、ピッチャーとバッターを両方やって良かったと思えますし、そこを求めてやっていきたいと思っています」

根拠のない「出来る」自信ではなく、「出来るようにする」。ざわつく声は、もうない。

21
出来るところまで気持ちだけで投げていくんだと思いました

本拠地初のお立ち台。プロ初勝利は札幌ドームのファンの前で披露した。登板2戦目となった2013年6月1日中日戦で、5回4安打3失点。野手として試合に出場した高卒新人が、投手として白星を飾ったのは1951年徳永喜久夫氏（名古屋）以来、62年ぶりの快挙だ。「初めてより、初回は冷静に、力が抜けた状態でいけた。（2回以降）いかにその状態をキープ出来るかだと思います」

最速156キロをマークした初回は3者凡退も、2回からは3イニング連続失点した。それでも、「ラストかもしれない」と感じた5回は、150キロ超の球速を連発しながら打者3人で相手の攻撃を断ち切った。

「勝ったと自信を持って言えるものじゃないけど、（次回登板は）気持ちに余裕が出ると思う」。この時、18歳10カ月。まずは今の自分の実力を相手に思い切りぶつける。道はそこから拓けていく。

22

やはり、僕が最後まで行くしかないと思っていました

優勝の瞬間、ヒーローは天を仰ぎながら、マウンドで両腕を突き上げた。リーグ優勝までマジック1で迎えた2016年9月28日西武戦（西武プリンスドーム）。9回裏に相手の打者を仕留めると、4年ぶりVが決まった。

6月には、3連覇を狙うソフトバンクに最大11・5ゲーム差まで突き放されたが、チームは球団新記録の15連勝を飾るなど猛追。ついにマジック1となった一戦には、大谷が先発を任された。

4回にレアードが叩きだしたソロ弾の1点を守りながらの投球。「まさか最後まで行くとは思わなかったんですけど、でも7回、8回あたりからは、これは最後まで行く雰囲気なんだろうなと思いました。1—0で代わるというのもないでしょうし」。自己最多の15三振を奪い、完封で人生初の胴上げ投手となった。

「重圧がかかるマウンドは成長するポイント」。成功体験がさらなる進化を加速する。

MASUI
19
ICHIKAWA
56
KONDOH
8

第2章 苦悩

ホクレン

23 周りが思うよりも醒めている自分がそこにいるんです

若きスターには、自分を俯瞰する力がある。

努力は自分が評価するものではなく、他人が評価するもの。若くして自分を冷静に見つめる力を備えているが、その〝俯瞰力〟がピンチの時には短所へ翻ることもある。

「マウンドで打たれた姿を見て、醒めてしまうんです。大事な試合になるほど、そういう傾向が出るので」

２０１５年10月10日、クライマックスシリーズ初戦のロッテ戦に先発した時のことだ。2回1死満塁から今江敏晃（ロッテ）にボール球気味の直球を左中間へ運ばれ、３回途中で降板する屈辱を味わった。

「ちゃんと投げていれば、まずあり得ないことなのに、なぜそうなってしまったのか。申し訳ないという気持ちが先にきてしまうんです」

自分の内面を見つめて掘り下げる。その作業が求道者をより強くする。

FIGHTERS
ニトリ
FIGHTERS
ニトリ

11

24 勝てるイメージが湧いてこない。どうやって勝っていたのか正直分からなくなりました

終わってみれば、２０１６年は投打にわたる大活躍で締めた。しかし、シーズン当初は開幕投手を務めたものの、１カ月間勝利なし。開幕６戦目となる5月１日ロッテ戦（ＱＶＣマリン）でようやくシーズン初白星を挙げた。「開幕からずっと勝てなかった時期は、しんどかったですね。そんなに悪い内容ではなかったですけど、結果が出ないので」

その試合も序盤は乱れ、５点リードの２回に根元俊一（ロッテ）に右越え2点三塁打を浴びるなど４失点を喫した。中盤から立ち直り、10奪三振完投。長いトンネルを抜けた。日本一になったシーズンだが、開幕当初は苦労の連続。チームも一時は苦戦し「ソフトバンクともだいぶ（最大11・５ゲーム差）開きましたし、史上最速で優勝するのではと言われてたのも知ってました。あの時は、追いつけるという感覚ではなかったです」。

年間１４３試合の長い闘い。そこにはトンネルもあれば、明るい光もある。苦しんだ分だけ、得られた喜びは大きい。

25 組織の中に隠れている選手の本質を分からずに投げてしまったことがやられた原因だと思います

プロ2年目の2014年は自身初の2桁勝利を挙げた。前年比では防御率が4・23から2・61に向上。奪三振数は46個から179個へ。登板自体も13試合から24試合とほぼ倍増し、投手として進境著しいシーズンとなった。

その中で、見えてきた課題があった。ソフトバンクの被打率だ。パ・リーグとのチーム別対戦成績では、ソフトバンク戦の防御率は3・52。最も苦手とするロッテ（防御率6・43）に次ぐワースト2だが、被打率は5球団で唯一・304と3割台に乗っている。「手を抜いているわけじゃないんですけど、下位打線に向かうと勝手に体が緩んで、無駄なフォアボールを出してしまう。だから、上位打線にはしっかりいけるのに、いつものように下位に対して臨むと、ホークスの下位打線はレベルが高いので、やられてしまう」

下位打線という先入観を捨て、今向き合っている相手の本質を見極める。2016年のソフトバンク戦被打率は・188。課題をひとつずつ潰した先に明るい未来がある。

HOKKAIDO

26
投球が良ければ打撃がダメ。高校時代は、どちらか一方しか良くなかった

全てが順風満帆にきたわけではない。投手としては、ケガの多い高校生活だった。

1年時は主に野手として起用され、2年夏は県大会前に太腿を肉離れ。のちに骨の成長に筋肉が追い付かずに起こる、いわゆる成長痛を伴う「骨端線損傷」と判明した。

その回復には時間がかかり、高3のセンバツ時は故障明け。3年夏は冬場のトレーニングが出来なかった影響もあり、甲子園出場は叶わなかった。のちにプロ入りした投手の高校時代と比較すれば、実は試合数自体はそれほど投げていないのだ。

「ケガもあって、ピッチャーが出来ない時期の方が長かった。だから、高校時代はバッティング練習をたくさんやりました。試合では3番、4番を打たせてもらい、バッターとしての自分がどんどん良くなっていくのを感じました。思っていたより上の自分がいたので」

アクシデントの時こそ、新しい自分と出会えるチャンス。大谷は高校時代にそれを経験出来たのだ。

27
身長があるので思うように動きをまとめる作業は見ている以上に難しい

身長193センチ。恵まれた体格はスポーツ選手として大きなアドバンテージとなる。しかし、その体を活かし切るために独自の努力を積んできた。中3の時には既に182センチ超。この間は成長痛にも悩まされ、社会人野球・三菱重工横浜でプレーした父・徹さんは大谷のランニングの量を調整するなど、トレーニング内容に配慮していたという。

プロ入り後は3年目の2015年、投球フォームをコンパクトにするようマイナーチェンジ。長身をフル活用することを考えた結果で「自分が思い描いているように自分の体を動かすためです。ただでさえ僕は体が大きいので、仮に始動の際に小さなブレがあったりすると、ボールをリリースする時は、そのブレがさらに大きくなってしまうんです」。

そして2016年はオフ中に筋力アップを目指して100キロ近くまで増量。「ワンランク上にいける」。オフの苦しみはシーズンで花開き、同年日本一へとつながった。

己を知り、どう活かすか。正しい努力は成功への近道となる。

28 大事な場面で結果を出すことがなかったので ちょっと違う部分を 自分で見られたかなと思います

2010年新語流行語大賞で特別賞となった「もってる」。それに対し、「大事なところで勝てない」と悩み、過去には実際にそうだった大谷は「もってない疑惑」をかけられていた。

高3夏の甲子園は、県大会決勝で敗れて出場できず。毎回の15奪三振も8回2／3を投げて9安打5失点。「まだまだこの仲間とやりたかった」と涙を見せた。

プロ入り後も、リーグ2位で臨んだ2015年クライマックスシリーズのファーストステージで、同3位のロッテに敗れて下剋上を許した。

同年11月8日のプレミア12、本拠地札幌ドームでライバル・韓国との開幕戦に先発。そこには、翌年メジャーへ旅立った金賢洙、日本シリーズMVPの李大浩ら強打者を打ち取る姿があった。準決勝では同じ韓国に敗れたが、一気に飛躍せずとも、少しずつ新しい自分と出会えれば、少しずつ遠い未来が変わっていく。

29

メンタルを切り替えるためのきっかけを常に求めている部分はあるかもしれません

外出禁止令が気にならなかったほどのインドア派。以前から読書の習慣もあり、小説、ビジネス書から漫画まで幅広く愛読している。２０１６年オフに引退した黒田博樹氏（元広島）の『クオリティピッチング』、栗山英樹監督の『未徹在』など球界関係者の著書を読んだほか、小説、トレーニング本、車椅子バスケットボールの漫画などなど。湿気をものともせず、お風呂に入りながら読むこともある。

大谷は自身を「マイナス思考」と分析する。

「良かった試合より、失敗してしまった試合の方が心に残るんです。もう少し、こう出来たんじゃないか。もっとこうやれば良かったとか」

読書は心の財産。本、映画など野球以外の様々なジャンルに接しながら、迷いから脱出する方法を模索する。

そこには今の自分と照らし合わせ、進むべきヒントが隠されているのだ。

NPB
TANI

30 もし活躍出来なかったらどうなるんだろうって怖かったこともありました

外野の声には一貫して「気にしていません」と答えていた。しかし、やはり自問自答は繰り返していた。プロ入りのきっかけとなった二刀流挑戦への決断についてだ。

「やってみて良かったなって思ってはいます。あれだけメディアの人たちが来て、ファンの人に来てもらって」

一方で、もしも活躍出来なかったら……と不安になったこともある。果たして、何を言われるのか、自分の道を見失うのではないか、そうなったら野球とどう向き合い直すのか。

「でも、シーズンに入ってしまえば、そんな不安はなくなりましたし、何より自分がやっていて面白かったんです。確かに迷いもありましたけれど、いい決断でしたね」

投打兼務の若きスター。

昨日今日、そうなる力を身につけたわけではない。恐怖に立ち向かえる強さ、目の前の課題に取り組む姿勢があったからこそ、今がある。

31 出来るようになってきたと感じている中で出来なかった時は悔しいですし時にはイライラすることもあります

年々、悔しさが増しているという。

プロ1年目はまだ、プロとして生きる自分を模索している段階だった。

「勝てると思って試合に入っていなかったので、打たれても〝ああ、打たれちゃった〟という感じだったんです。バッティングもそう。もともと打てると思って打席に入っていなかったから〝ああ、あまり良くなかったなあ〟みたいな感じで」

しかし、2年目以降、徐々に「出来ない自分」へのいら立ちを感じるようになった。理由は「出来ることが増えてきた」からだ。高みを目指しているからこそ、もどかしい。

自分以外の人間には温和に接する大谷だが、怒りに似た感情を内包していることもある。

「マウンドでは出ないですけど、降りたら出ますよ。僕も自分にイライラしているんです」

向上心は時に、自分をいら立たせるが、その闘いを乗り越えれば違う景色が見える。葛藤しながら、大谷は前へ進んでいく。

32 今のままじゃダメ

プロデビュー、ほんの少し前。ルーキーイヤーの2軍戦で初先発した時のことだ。2013年4月11日ロッテ戦（QVCマリン）で4回5安打3失点。敗戦投手になった。球速こそ152キロをマークしたが、変化球の制球にも苦しみ、自己採点にも渋い表情だ。「結構低いと思う。これから上げられるようにやっていきたい」と反省しきりだった。

二刀流ならではの調整を始めたばかりだった。開幕から1軍入りしていたため、ナイターに合わせた生活になっていたが、2軍戦の朝は早い。打者としては1軍に同行しつつ、投手としては2軍調整。ハードスケジュールになるのも無理はない。

「勉強しながらやっていきたいです」

プロで記録を塗り替え続ける、ほんの少し前。才能あふれる大谷といえども、「勉強」する時間は必要だったのだ。

33　僕は大したことないと思いました

もしかして、自分は井の中の蛙ではないのか。

万能感に満たされているはずの少年時代。しかし、大谷少年は現状に満足してはいけないことに早々と気づいた。

岩手県に生まれ育ち、恵まれた体格で中学生の時には全国大会へ出場した。しかし、千葉県内のチームに初戦で敗退。そこで、大谷少年は全国のレベルの高さに衝撃を受けた。みちのくではトップレベルにいたはずが、相手投手は自分よりもいいボール、打者は自分よりも鋭い打球を放った。そして、そのチームは次戦で別のチームにあっさり敗れ去った。

「自分は大したことない。岩手では大谷、大谷と言われても、それこそ小さな枠組みの中の話で、全国にはもっともっと上がいるんだなと思い知らされました」

さらに上へ、全国区へ、そして世界へ。自分は今、どこにいるのか。それを知れば、跳べるチャンスが生まれる。

34 やはり、1勝する難しさはある

２０１６年を通せば、１勝はシーズン通算の10分の１。しかし、その１勝にたどり着くまでに困難を味わった。

開幕から登板５試合連続で６回自責点３以内に抑える好投を続けるも、勝ち星に恵まれなかった。

５月１日ロッテ戦（ＱＶＣマリン）で完投勝利を挙げてようやく初白星。それでも、２回に４失点を喫して変化球主体の投球に切り替えるなど一筋縄ではいかなかった。

プロ４年目。勝ち星が計算出来る、いわゆる〝表ローテ〟に組み込まれている。

「相手も勝てる投手が先発してくる。そこでチームに勝ちをつけられる投手になれれば。最初から全力でいけるように頑張りたいです」

たかが１勝、されど１勝。その１勝がチームの明暗を分けることもある。目の前の一戦一戦に真摯に向き合えば、いつの日か光明が差す。

35 それまでは自分中心だったと思います。しかし、震災後はもっともっと周りのことを考えようと誓いました

２０１１年3月11日、東日本大震災。大谷は岩手・花巻東の1年生、秋の東北大会では初戦で敗れ、夏の甲子園出場を目指して2年生になろうとしていた。学校、寮は岩手県の内陸部に位置し、被害は比較的少なかったが、ライフラインは寸断された。同じ野球部員には沿岸部出身者がおり、実家が津波で流され、家族を亡くしたチームメートもいた。

自分たちに出来ることは、夏の甲子園に出場し底力を見せること。室内練習場に震災の被害が報じられた新聞の切り抜きを貼って練習に励み、ついに念願の甲子園出場。惜しくも初戦の帝京戦で敗れ、震災の影響に苦しむ故郷を思い「勝利を届けたかった」と涙した。

時は経ち、大谷は世界へ羽ばたこうとしている。「試合で頑張っている姿を見てもらって、元気をもらったと言ってもらえたらすごく嬉しい」。自分の活躍を楽しみにする人たちがいる。それを意識することもプロフェッショナルの証明だ。

36

技術も筋力がないと出来ません。僕にはより必要になるんです

ダンプカーの排気量は大きく、軽自動車は小さい。つまり、そういうことなのだ。巨大なボディーを乗り回すには、それなりのパワーが必要となる。大谷が持って生まれた身長193センチの体格を思い通りに操るには、体に見合う筋力をつけることが重要だった。

2015年オフ、ファイターズの先輩・ダルビッシュ有（レンジャース）に倣い、食事、筋力トレーニングを工夫して体重を100キロの大台に乗せた。

「もうひとつ高いパフォーマンスを探したかった。パワーはもちろん、技術も体重が増えないと出来ない技術がある。動きやスタミナは前と変わらないです」

疲労の蓄積でシーズン中盤からパフォーマンスが落ちる点の克服、そして理想のフォームに到達するには筋力の必要性を感じていた。体重増で膝のケアに気を配ることも必要となるが、自分には何が足りないのかを常に模索する姿勢も挑戦へつながる。

ATHLETIC
Move Sport

37 自分のボールに自信がありませんでした。ですから、周囲の評価とのギャップがすごかったです

向上心が高ければ高いほど、自分に対する評価は厳しい。

球速の最速記録を塗り替え、「岩手に大谷あり」を示した高校時代について、大谷は「自信がなかった」と振り返る。

「〝160キロ投げる〟とか言われてましたけど、160キロとか150何キロとか投げてるわりに打たれるなあと」。当時から最終的な夢は大きかったが、中学生の時から短、中、長期的な目標を掲げ、それに向かって歩を進めるという着実性を持っていた。

高1の時には81マスの「目標設定シート」によるセルフコントロール術を実践していた。「8球団の競合指名によるドラフト1位」を目標に掲げ、それに必要な要素「コントロール」「スピード」「変化球」「人間性」などを8つ打ちだし、その8つを叶えるための細かな要素をさらに8つ挙げて、ひとつひとつ実現していく形式だ。

客観性も大きな武器。大谷の魅力は、若くして円熟しつつある人間性にもある。

38
悔しい経験がないと嬉しい経験もないということをあの時、知ることが出来ました

原体験は人を長きにわたって突き動かす。大谷のそれは、中1の時、水沢リトル時代に出場した全国大会だった。

「リトルの時、最後のチャンスで初めて全国大会へ出場出来たんですけど、あの時は一番と言っていいくらい嬉しかった。5年生の時に準優勝、6年生の時はベスト4で負けてすごく悔しい思いをしたので、次は優勝してやろうという気持ちで、家の中ではずっとボールとバットを持っていました」

そして一関シニアに入り、全国大会には1度だけ出場。2年生3月の時、全国選抜大会に連盟枠で出場し、結果的に優勝した世田谷西シニアと初戦で対戦して敗れはしたものの、その大会で大谷の名前が全国へと広がり始めた。

そして「日本一になる」という目標を持ち、花巻東へ入学。幼少時に味わった「悔しい経験」が、その後２０１６年に人生初の日本一に輝く「嬉しい経験」へと結びついた。

39 甲子園のマウンドで投げられて、嬉しかった

記録ホルダーにも、初めての甲子園には心を躍らせた時代があった。

高2の夏、最速151キロ右腕として初出場。甲子園練習のためにマウンドで投げた時、思わず顔がほころんだ。

県大会前に左太腿裏を肉離れし、県大会の登板は4回戦の1回2／3にとどまり、4失点を喫した。同年3月には東日本大震災に見舞われ、万全の練習が出来ない中での出場。加えて、自身のケガもあり、チームとしては厳しい条件の中でつかんだ甲子園切符だった。「頑張らなきゃいけないと思いました」。震災で家族を亡くしたチームメート、OBの菊池雄星（西武）からの激励ビデオメッセージ、周囲からの期待。様々な思いを背負って、手負いのエースは甲子園の地を踏んだ。のちに負傷箇所は肉離れではなく、精密検査の結果、成長期に起こりやすいという「左股関節骨端線損傷」であることが判明。この故障を期に、体のケアにも重点を置くように。アクシデントも次へ進むきっかけとなる。

40
今年やったことは絶対無駄にならない。そこに限っては、絶対に間違いないと思います

周囲は口をそろえて、こう言った。「無理じゃないか」。大谷の二刀流挑戦のことだ。

プロ1年目の成績は、投手として13試合登板で3勝無敗、防御率4・23。

打者としては77試合出場の打率・238、3本塁打20打点。

高校生ルーキーとしては上々の滑り出しだ。「両方やるのは自分にとって自然なこと」としてきたが、1軍、2軍を行き来する調整、そのたびにイレギュラーとなる生活サイクル。決して弱音は吐かなかったが、その取り組みは並大抵のことではない。

「どっちも1軍でやらせてもらって、すごくいい経験になりました。これから何年もこういうふうにやっていくかもしれないですし、2～3年で、どっかで片方になるとしても」

2～3年でどちらかに。1年目は仮説を立てたが、年々投打ともにレベルアップを果たし、もはや「二刀流・大谷」に異議を唱える声は少なくなった。

結果、たとえ違う答えにたどり着いたとしても、積み重ねた努力は財産になる。

第3章

向上心

41 これから先、どれだけ伸びるかということの方がすごく大事かなと思います

２０１６年シーズンは投打ともにレベルアップした1年となった。投手としては10勝、防御率１・86。勝利数は２０１５年の15勝がキャリアハイだが、防御率はプロ４年目で初の１点台をマークした。自己最多１０４試合に出場した打者では打率３割台、そして22本塁打、67打点と全て自己最多を更新した。

中でも、打者としての成績アップは目覚ましい。プロ入り当初は史上最速記録を更新し続けたことから、「投手・大谷」がクローズアップされたが、打者としてもイチロー（マーリンズ）から打者専念を勧められるほどの能力を持っている。

大スターからの褒め言葉に「こんなバッターいないって言われたことの方が、そりゃ嬉しいですよ」と素直に喜んだが、投打にわたる自分の伸びしろを最も期待しているのは大谷自身。向上心の塊は、さらなる高みを目指していく。

OHTANI
11

42 走塁には一番、野球観が出る

野球のレベルが上がるにつれ、最も判断が難しいとされるのが走塁だ。

プロの打球の速さ、そして相手守備陣の位置、力量を全て加味した上で、一瞬のうちにスタートを切るか、とどまるかを決断しなければならない。

「プロの打球判断が難しい中、ゲームで特別いい走塁をするのは難しい」。そんな走塁にあって、球界では特別俊足とは呼べない大谷が「足が速くなっている」という。2015年からオフ中に徹底したウエートトレーニングによる増量を図り、オフは100キロ、シーズン前に90キロ台後半まで絞り上げている。体重が増えると足が遅くなると思いがちだが、鍛え上げた筋肉の力を効率的にプレーへ昇華させる体の使い方も同時に身に付けた。

天賦の才があっても、日々のダッシュ練習をおろそかにすると、年々走塁面での衰えが顕著になるという。天から与えられた恵まれた体格。それを攻守二物だけでなく、三物に増やすことも、自分の意識が鍵を握っている。

43 相手の実力を知った上で自分の実力も理解しながら投げます

己を知らなければ、相手とも闘えない。

しかし、実は己を知らないまま、ジタバタしていることが多いのが世の常だ。

「まずは自分のスタイルで、自分のベストのボールを、どのバッターにも投げることが出来れば打たれないというふうに考えることが大事」

プロ野球のみならず、スポーツは情報戦でもある。

スコアラーの報告、動作解析、過去の対戦に基づいた〝ビッグデータ〟のほか、最近は日々の体調も管理できるアスリート専用システムまでリリースされている時代だ。

相手の情報はあふれているが、最も難しいのが「自分を知る」こと。対戦中に相手の特徴に振り回されて合わせ過ぎ、本来すべき対応を忘れてしまったりする。

己を知り、相手を知れば、対処方法はおのずと見えてくる。

どのような戦法を取るかは、自分次第。

44 思い通りに投げられなかったボールで抑えたことに満足したら成長するチャンスを失うことになります

大谷が求道者たるゆえんは、相手と向き合いながらも、自身の内面を見つめるところにある。「誰を、ということじゃなく、自分の中で課題を消化するのが野球の面白さなのかなと思います」。相手によって自分が変化するのではなく、様々な引き出しを増やし、相手に応じてそれを開けていく。そんな感覚なのだろう。

一方で、大谷ならではの「俯瞰力」もある。「今の相手と今後10年、20年、ずっと対戦していくのなら、このバッターを倒すために必死になるとか、このピッチャーを打ち崩そうと思うのかもしれませんが、相手も時代も変わりますし、若い世代が入ってくれば対戦相手もどんどん変わる」と冷静に判断しているのだ。

「成長するチャンスを失うのは、もったいないじゃないですか」

年を重ねてから「もったいないことをした」と痛感する向きは多いが、若くして〝人生のもったいない〟時間、経験に気づいている。

FIGHTERS
ニトリ

45

嬉しさと、責任を持ってしっかりやりたいと思いました

それは、白い封筒をもって言い渡された。

2015年2月20日、沖縄県名護市の春季キャンプの真っただ中、栗山英樹監督から宿舎の一室で便せん3枚にわたる手紙を受け取った。自身初となる開幕投手を任せる通知だ。チームでの高卒3年目の開幕投手は、2007年ダルビッシュ有（レンジャース）以来8年ぶり。「初戦なので、何としても勝たなければいけないし、相手も一番勝てる投手が来るので、そこで何とか勝って期待に応えられるように頑張りたい」と意気込んだ。

栗山監督とは同日午前10時に1対1で話し、その後指揮官は大谷の背番号11にちなみ、午前11時11分に会見するという計らい付き。期待の大きさを感じると同時に、その役割の責任も理解していた。

「チームとしても勝てれば大きいですし、相手がエース級の時に勝てることが大事」

大役の重責を乗り越えれば、また新たな大役が訪れる。

HTB

ニトリ

46

160キロのボールを投げたい　もっとホームランを打ちたいという気持ちが全ての原動力になっていたと思います

決して、特別なことではないのだ。

もっと速い球を投げたい、もっと打球を遠くへ飛ばしたい――。

野球少年なら誰しも思う願いが、全ての原動力なのだという。

「僕の場合は人より体が大きいとか、腕が長いとかもあったので、その点は恵まれていた。もちろん、練習やトレーニングの成果もありますけれど、それよりもそういった思いが最終的に技術を身につけさせてくれたと思っています」

小3の頃から「プロ野球選手になる」と言い続け、〝もっと、もっと〟を求め続けて18歳で夢を叶えた。そのひたむきな姿勢はプロ入りした今も、まったく変わっていない。

「ずっと変わらないと思いますし、その気持ちを忘れずにこれからもやっていきたいです」

球団側は2017年オフ以降のポスティング・システムによるメジャー挑戦を容認。海を渡っても、きっと姿勢は変わらないに違いない。

47

個人的には気にしていません。他の打席でも打てる球があった。ミスショットが多い方が気になります

野球の神様と言えば故・ベーブ・ルース氏。その神様も二刀流だった。米国を代表する選手で数々の記録を樹立し、１９２７年のシーズン60本塁打は34年間にわたってメジャー最多記録。生涯通算本塁打７１４本も39年間、同最多記録を誇った。１９１７年は投手として24勝13敗、防御率２・01、打者としても打率・３２５。翌１９１８年には投手として２桁勝利、打者として２桁本塁打の「13勝&11本塁打」をマークし、非凡な才能を発揮した。

２０１４年9月7日オリックス戦（京セラドーム）。ルース氏から96年の時を経て、大谷が日本球界初の「10勝&10本塁打」を記録した。伝説の名選手のことは「映画で見たことがある」という20歳が、シーズン10勝で迎えた一戦で、シーズン10号を放り込んだ。

メジャーでもルース氏しか達成していない快挙を成し遂げても「ミスショットが……」と反省を口にした。淡々としている。求める数字はまだ先にあるからだ。

KONTA
76

48 自分で納得していいもの、悪いものを区別して取り入れたい

幼少時代、どんな指導者に出会うかが運命を分けることがある。特にスポーツの世界では顕著だ。大谷の場合、物心つく前から出会っていた指導者は父・徹さんだった。社会人野球で野手として活躍した父の指導を受け、大谷も野球を始めた当初は野手としてスタートしている。生まれて初めての読書もバッティングに関する本。父と同じ左打ちとなり、アドバイスを受けてきた。一方、投手としては、小学生の時に水沢リトルに入団してから始めており、自分なりに工夫しながら進化してきた。

注目選手になるにつれ、野球経験者、評論家、〝自称・評論家〟まで、大人からアドバイスの数が増える。選び取る力がなければ、最短距離で目標には近づけず右往左往。名も知れないまま潰れた選手も山のように存在する。

自分で納得して実践すれば、自分の責任。若くして大人の対応が出来るのも、父の背中から教わったのかもしれない。

49　そうすれば、ベストの自分が出てくる

自身の可能性にかけている。見つけたいものがあるからこそ、努力を続けられるのだ。

大谷にとって、それは「新しい自分」「違う自分」。それらは自覚していない「自分」だが、もうひとつ現在進行形で実感が出来る「ベストの自分」がある。

人は自分自身をなかなか裏切れない。大谷の発言に「自分」という単語が多い理由は、常に内面と向き合っているためだ。

栗山英樹監督も〝自分自身との約束は絶対に守らなくてはいけない〟という信念がある。２０１６年春季キャンプ中、開幕投手を言い渡された際に、指揮官から手紙を書くよう求められ、日本一になることを自分自身と約束するように促された。

約束通り日本一に輝き、オフにはベストナインを「投手」「ＤＨ」で史上初の投打ダブル受賞。表彰式では、今の自分にかける言葉を聞かれて「強いて挙げるなら〝前半から頑張れ〟ですかね（笑）」。ジョークではあるが、これもまた自身との約束になる。

50

日本一、なってみたいです。その景色を見に行くためにやってるわけですから

２０１６年10月29日。大谷が初めて日本一になった日だ。

広島との日本シリーズ第６戦。第７戦への登板を想定し、ベンチで代打待機していた。試合は６点リードの９回２死一塁、菊池涼介（広島）の飛球を二塁・田中賢介が捕球してゲームセット。その瞬間、マウンドを目掛けてベンチを飛び出し、歓喜の輪に加わった。

「嬉しいです。最高の１日になりました」。次々と日本プロ野球記録を打ち立ててきたが、少年時代からチームとしての全国優勝とは縁がなかった。「リトル、シニアの時も全国大会には行きましたし、花巻東にしても岩手では強かったけれど、全国では勝てなかった」

チームとしての日本一を少年時代からずっと夢見てきた。

栗山英樹監督の胴上げ、優勝後のインタビュー、スキー用のゴーグルを装着して臨んだビールかけ。９歳で野球を始めてから13年。日本一の目標は達成した。その先の目標を達成した時、またその瞬間にしか味わえない喜びがある。

51

すごく大事な試合。自分としても感じるものがありました

２０１５年、プロ３年目で初めての開幕投手。高卒３年以内の開幕投手には、そうそうたる顔ぶれが並んでいる。

１９６７年鈴木啓示氏（近鉄）に始まり、69年には江夏豊氏（阪神）、88年桑田真澄氏（巨人）ら昭和の大スターが勢ぞろい。２０００、01年には松坂大輔（ソフトバンク）、07年には尊敬する先輩、ダルビッシュ有（レンジャース）が登場する。

たとえ開幕戦で白星が挙げられなくても、そのシーズンにタイトルを総なめした選手も少なくない。大谷もまた、開幕戦は右ふくらはぎがつって途中降板したが、終わってみれば投手３冠に輝く大活躍を見せた。

周囲の信頼感がなければ、大事な節目には起用されない。「期待を超えられるように頑張っていきたいなと思います」

期待に応えるのではなく、超える。エースの条件は既に理解している。

花巻東

52

150キロでも120キロでも抑えて勝ちたかった

「みちのくのダルビッシュ」と呼ばれた剛腕が、ついにベールを脱いだ。

高2夏の甲子園初戦。帝京戦に4回1死から初登板し、2005年夏の駒大苫小牧・田中将大（ヤンキース）以来2人目の、2年生甲子園最速タイ記録となる150キロをマークした。同点の5回2死一、二塁の場面で、真ん中低めへの直球が当時の自己最速にあと1キロと迫る150キロ。しかし、この球を相手打者に三塁強襲安打とされ、三塁手の走塁妨害で勝ち越し点を与えてしまった。

どんな速い球を投げても、勝たなければ意味がない。ケガをおして臨んだ105球の熱投は勝利には結びつかなかった。それでも、3度同点に追いつく意地を見せ「諦めないのが花巻東の野球。岩手の方々に少しでも伝わってくれていれば嬉しい」と話した。優勝こそならなかったが、翌年夏の県大会で大谷はアマチュア野球最速の160キロをマーク。勝ちたい気持ちが、技術の向上を押し上げる。

53 常にきっかけを求めて練習しています

寝ても覚めても、野球のために生きている。日常生活の中で、大谷は練習メニュー、フォームのきっかけを探している。

2014年の開幕前にワインドアップからセットポジションに変更した時も、ダルビッシュ有（レンジャース）の投球動画を見たことがきっかけ。自主トレの新しいメニューも「まずはやってみよう」と取り入れる。

「ひらめきというか、こういうふうに投げてみよう、こうやって打ってみようというものが、突然出てきますからね。やってみて何も感じなかったらそれでいいし、継続した先にもっといいひらめきが出てくることもあります」。人との出会いで人生が変わることもあれば、新しい技術との出合いもまた、野球人生を変える。「自分が変わる時は一瞬で上達しますし、そういうきっかけを大事にして練習していますね」。投打にわたって張り巡らせるアンテナは、人よりも〝2倍〟敏感なのかもしれない。

OHTANI
ホクレン
NH
Nipponham

54

野球が好きで、うまくなりたい一心でやっているのが野球少年なら僕は昔からそういうところは変わりません

まずは試してみる。

何も生まれなかったらやめて、また元の道から始めればいいのだ。

どうしたらもっと遠くへ、もっと速くなるのか。大谷は幼少時から野球について、それだけを考えてきた。

「例えば打てなくても、どうすれば打てるようになるのかなと考えて、何かを思いついて、じゃあ、やってみようってグラウンドに行く。その一歩目が楽しいんです」

水沢リトル時代は打球を飛ばし過ぎ、次々と川にボールが飛び込まないよう〝翔平ネット〟が父兄の手で作られたほど。「引っ張り禁止令」が出され、逆方向へ強い打球を打つ基盤が作られた。投手としてはプロ野球選手の物真似をしながら、高い技術を体にしみ込ませてきた。プロ入り後は体重を100キロの大台に乗せ、フォームの微調整、球種の改良などに取り組んできた。大人になっても、心は野球少年。純粋さは変わらない。

55

打撃は今江さんの真似をしていました。投球は松坂さん、斉藤和巳さんダルビッシュさんの真似をしていました

自分は無趣味、と言い切る。興味の全てが野球に注がれている大谷にとって、高校時代のマイブームもやはり野球だった。

時間が出来るとインターネット動画でプロ野球選手のフォームをチェック。各選手の物真似をしていたという。

「打つ方では今江敏晃さんのタイミングの取り方にハマっていたんです。パソコンが家に来てからは、ずっとＹｏｕＴｕｂｅを見ていましたし、いろんな人の投げ方を見ながら、ああでもない、こうでもないと考えていました。何かがひらめいたら障子を開けて、窓に映る自分を見ながらフォームをチェックするんです」

ハイレベルな選手の物真似をすることが上達への近道であり、物真似が出来る選手は体の使い方を理解しているともいえる。窓に映る自分との練習。少年時代のエピソードからもストイックな姿が垣間見える。

56 自分で設定した数字はひとつでもふたつでも超えていきたい

目標とする数字を聞かれると、不機嫌になるプロ野球選手がいる。結果は数字で表れるのだが、求道者タイプは数字と闘っているのではなく、自身と闘っているからだ。故・ベーブ・ルース氏が１９１８年に達成して以来96年ぶりとなる２桁勝利＆２桁本塁打をマークした時、大谷もまったく気にしていなかった。

２０１６年のシーズン前、目標は漢字1文字で「超」とした。「昨年（の成績）は超えたい。優勝することが前提で、その過程でオフ中の肉体改造が必要だったと、終わった時に思えれば、いい年になると思う」。そして数字は「20勝＆20本です。20勝は軽く言える数字ではないですし、1年目じゃ言えなかった。20勝して、20本を打てば、日本一にも近づくんじゃないかと思いますし、そう言って喜んでもらえるなら言いますよ」。

自分で設定した目標を超えれば、またさらなる目標が出来る。

昨日の自分を超えていく。大谷は毎日、自分と闘っている。

57　優勝したら2連覇。2連覇したら3連覇

向上心と欲。似て非なるものだ。向上心は上へ上へと自らを高めるものであり、例えるなら欲は下へ下へと深くなる。

幼少期から願い続けた「日本一の座」。2016年シーズンはリーグ、そして日本シリーズを制して日本一に輝いた。しかし、それで満足したわけではない。球団側は2017年オフ以降のメジャー挑戦を容認する方針を示したが、まずはシーズンの優勝で連覇、そして先延ばしした場合は3連覇を視野に入れ、オフのトレーニングに励んでいる。

野球に対しては意欲を燃やすが、金銭面の「欲」となれば淡白なものだ。2017年は2億7000万円（金額は推定）の年俸にアップしたが、いまだに自動車運転免許は取得しておらず、高級車を買うことはない。パリッとした服装といえば、表彰式、イベントなど公の場に出席するために着用するスーツだけだ。

欲深さは皆無、大谷は上へ上へと伸びていく。

58 その背番号を背負って、ここでまた立ちたい

大谷の行く先には、必ずダルビッシュ有（レンジャース）がついて回る。

高校時代は、同じ長身の剛速球派だったことから「みちのくのダルビッシュ」と呼ばれ、ファイターズ入団時は彼がつけた背番号11を渡された。

そのユニホームに身を包み、初めてファンの前に登場したのは２０１２年12月25日の入団会見。栗山英樹監督と〝対決〟し、内角低めの直球で空振り三振に切って取るというイベントも行われた。高校時代はダルビッシュの投球フォームを動画で研究し、窓に向かってシャドーピッチングしたこともある。「ずっと参考にして、憧れて追い続けてきた投手。フォームも見ていたし、真似をしながらやってきた。その背番号を背負って、ここでまた立てるように」

メジャーに挑戦すれば、今度は憧れの選手との対戦が叶う。投げ合いか、それとも打者としての対戦か。先輩の背中を追い、いつか追いついてみせる。

OHTANI
11
ャパン
バー
富士

59 あそこで打つ内川さんはさすがです

マウンドにいる時、打席に立つ時、そしてベンチにいる時間。二刀流の大谷にとって、その全てがステップアップのきっかけをつかむチャンスでもある。

2013年オールスターにルーキーで初出場。またとない勉強の場となった。試合前には、当時楽天の田中将大（ヤンキース）、菊池雄星（西武）のキャッチボールを近くでチェックした。第3戦は同点の8回1死一、二塁の場面で、二塁走者として打席の内川聖一（ソフトバンク）を観察。その内川は初球の甘い変化球を捉え、左中間へ勝ち越し二塁打を放ち、大谷は「あそこで打つ内川さんはさすがです」と脱帽した。

この機会に、球界きっての好打者から学び取りたいことがあった。シーズン前半戦で打者として自分の打点が少ないことを反省しており、得点圏打率リーグ5位（当時＝・358）の先輩の活躍に「見ててすごいと思ったことを取り入れていきたい」。

見るもの全てが日々是勉強。謙虚な姿勢が多くの情報を目に映してくれる。

60

世界で163キロを投げてる人はたくさんいます。そんなに未知の領域ではないと思います

2016年6月5日巨人戦（東京ドーム）で、ついにその時が訪れた。大谷が当時日本球界最速の163キロをマーク。「5番・投手」で中軸を打ちながら出場した一戦で、4回1死満塁の場面でクルーズ（巨人）へ投じた4球目だった。球速表示に場内がどよめく中、すぐに三塁ゴロの併殺打に仕留め、ピンチを脱出した。

「失投でした。真ん中なので」。周囲が騒ぐほど、既に本人は球速自体を課題としていない。しかし、武器として考えている。「ああいう場面では効果的だと思う。〝球速の保険〟をかけながらファウルが取れれば、いいんじゃないかと」。163キロの球速よりも、緩急をつけて打ち取った併殺打には、拳を突き上げて珍しく吠えた。9回の120球目に161キロを計測するなど、終盤までスタミナを切らさずに6安打2失点で完投勝利を挙げた。

163キロは通過点。天賦の才についていける体作りをしながら、未知の領域へと歩を進める。

第4章

素顔

61 先輩にはいつも「クソガキだな」って言われてます

大谷と言えば、ストイック、優等生、真面目。そんなイメージとは異なり、チーム内では親しみを込めて「クソガキ」と呼ばれている。

「クソガキ」が公表されたのは2015年1月のトークイベント。1学年上のチームメート上沢直之と出演した際、先輩いじりのトークで場を盛り上げたことをきっかけに、上沢から明かされた。

先輩にふとした瞬間にタメ口をきいてしまったり、持ち上げては落としたり。「敬語を遣ってるつもりなんですけど、たまに話の流れの中でポンと言ってしまうことがある。その時は〝おい！〟ってなるんですけれど、〝すみません〟って」

大物新人は尊大な場合は孤立化し、先輩に囲まれて緊張し過ぎると持ち味が出せなくなるが、大谷は〝クソガキ化〟することで、先輩に愛されている。本人は「冗談半分でもそう言ってもらえると、こっちも親しい感じで近づけますしね」と前向きだ。

GHTERS
-HAM

62

ずっと笑っていてくれる人がいいです。普通にニコッとしてくれているような人ですかね

私生活は鉄のカーテンに包まれている。もしも、彼女が出来たとしても「誰にも言わないと思います」と秘密主義。相手へ迷惑がかかることも考えているのだろう。とはいえ、ファンイベント、テレビ番組に出演するたびに聞かれる「好きな女性のタイプは？」の質問には、照れつつもしっかり答えてくれる。

「明るい人がいいです。ハキハキしている人」

「僕が大きいので、身長が高い人がいいかなと思います」

「スポーティーな人ですかね」

日本中の野球ファンが親戚でもないのに結婚相手を気にかけ、雑誌、インターネットでは「誰がふさわしいか？」などとザワめいているが、本人はマイペースだ。グラウンドを降りれば、穏やかな笑顔を絶やさず、精神的に安定したタイプ。もしも結婚したら、若くしてさらに人柄が円熟するのでは——。そんな予感をさせる大器でもある。

63 僕がこれまで知っている中で最高峰にいるピッチャーです

ファイターズの背番号11。〝出世番号〟を継承した先輩・ダルビッシュ有（レンジャース）を尊敬してやまない。2015年オフからともに合同自主トレを行い、1日7食、徹底したウエートトレーニングで体重を人生で初めて100キロの大台に乗せた。

「ダントツの成績も残していますし、アリゾナでも一緒に食事をしながらお話をさせていただきましたけど、トレーニングの考え方や取り組み方は本当にすごいなって。僕の知らないことがたくさんありましたし、良い刺激をもらいました」

肉体改造の甲斐あって、シーズンでは投げては国内最速の165キロ、打っては自己最多の22本塁打で成果を残した。

2016年末は都内で田中将大（ヤンキース）、則本昂大（楽天）らとともに、2度目の〝ダル塾〟に参加した。前例のない挑戦を続ける者はいつも孤独だ。2017年オフ以降から容認されたメジャー挑戦に向け、ダルビッシュから学ぶことは多い。

64　相当、あまのじゃくだと思います

本人の性格自己分析は「あまのじゃく」だという。

「野球の道具とかもそうです。カラーとか、デザインとか。人と同じものを使って、嬉しい人なんていいるんですか？　僕はあまりそう思わないタイプなので」

何事も〝みんなと同じ〟方が安心するタイプもいるが、大谷は独立独歩の道を好む。日常は野球漬け。少年時代はゲームにも興味を示さず、練習がない日は遊びに行くでもなく、自宅で休養していた。入団時は栗山英樹監督から自己管理を徹底させるために外出禁止令が出たが、もともと野球以外ではインドア派のため、苦痛ではなかったという。

そして、なんといっても二刀流。

2012年ドラフト前から「投手の方が」「いや、打者の方が」などと議論が巻き起こったが、本人は「両方やるのが自分にとっては自然なこと」と投打両立にこだわった。あまのじゃく、いや、こだわりを貫くことが大谷の強さの秘訣なのかもしれない。

asics
11

65　イラッときたら、負けだと思っています

20代にして、既に大人の風格を身に着けている。

負けず嫌いでストイック。お酒を飲んでハメを外すことはなく、睡眠時間は1日7時間を確保する。年俸はサラリーマンの生涯年収を既に稼いでいるが、お小遣いは月10万円。声を荒らげて他人に怒ることはなく、笑顔を絶やさない。車の免許もなく、マンションが走っているかのような高級車を買うこともない。

「オフはあまり出かけない。休日になると練習したくなるタイプで、寮でトレーニングとか。お風呂が好きで、漫画を読みながら長風呂したりしています」

テレビ番組に出演すると、出演者から「うちの娘はどう？」とお婿さん候補に挙げられるほど、「好青年」ぶりは突出している。

「イラッときたら……」の対処法は、大人でもなかなか出来ない領域。セルフコントロールが大谷のメンタルを支えている。

66 なるべく立ち上がりに疲れないよう ゆっくり回りました

本塁打にも冷静だった。先発投手が1番を打つという掟破りの打順を務めた2016年7月3日ソフトバンク戦（ヤフオクドーム）でやってくれた。初回表、初球をいきなり先頭打者本塁打。「真っ直ぐを思い切り打とうと思ったんですけど、変化球が抜けてきて、それをしっかり強く振れたのが良かったかなと思います」

124キロスライダーを右中間へ叩き込むと、ベンチも観客席も大騒ぎ。初回表の攻撃だったため、マウンドへ行くよりも先に相手へ先制パンチを浴びせた格好だ。投手による初回先頭打者本塁打はプロ野球史上初。そもそも、高校時代を通じて「たぶん初めて」という1番起用にも動じることなく記録達成。さらに、その裏のマウンドを控えていることから「ゆっくり回りました」。

大仕事を終えた直後でも、次なるミッションを冷静に見据える。投げては8回5安打無失点でシーズン8勝目。強心臓ぶりは年齢を超越している。

67 ゲームを作るスキルとメンタルが一定しないから自分に対して醒めてしまうのかもしれません

さすがの大谷も、集中力がふっと途切れることがある。

長年課題に挙げていた「大事なところで勝ち切れない」時だ。２０１６年は日本一に輝いたが、15年はクライマックスシリーズ・ファーストステージの初戦マウンドを任されたが敗れ、プレミア12は準決勝で韓国に苦渋を味わった。

打たれた瞬間、自分で自分に醒めてしまう瞬間があるという。

「イメージが明確にあると、ボールもその通りにいきますが、それを作れないとなるといいボールがいかない。意図して投げているボールではないので打たれてしまうんです」

自身をマイナス思考と分析する大谷は登板前夜、不安にかられる。食事をしている時も試合のことが頭を離れず、なるべく考えないように努めてきた。

しかし、今は不安と向き合い、考え抜き、マウンドへ行くまでに昇華する方法を選んだ。納得して仕事場へ向かう。あとは相手と闘うだけだ。

FIGHTERS

Bank of America
Merrill Lynch
FIGHTERS
コニアル
oaru.jp

68

雄叫びを上げたのは、自分が打線の中に入っていたからなのかもしれません

グラウンドで感情を爆発させることは稀だ。

その大谷がマウンドで気合いを体で表現した試合がある。2016年9月21日ソフトバンク戦（ヤフオクドーム）。優勝マジック点灯がかかった首位攻防戦初戦だ。最大ゲーム差11・5を巻き返してたどり着いた試合でガッツポーズを繰り出し、雄叫びを上げた。8回1失点で直接対決を制し、勝率3厘差で上回る相手を首位の座から引きずり下ろした。

「こっちが動いて、先手、追加点を取っていくという動くゲームをイメージしてましたから、よし、行くぞ、どんどん点を取っていくという気持ちが自分の中にあって、それで感情が前面に出たんじゃないかと思います」

この試合では「8番・投手」で出場して4打数1安打。2打席連続空振り三振を喫するも、3打席目では左二塁打で好機を作るなど気を吐いた。誰もが無理だと言った二刀流。しかし、〝投打両道〟への挑戦が、それぞれに相乗効果を生んでいるのは間違いない。

69　拭っていたのは汗です。泣いてません

リーグ優勝の瞬間、大谷はマウンドで両腕を突き上げた。外崎修汰（西武）を左飛に打ち取ると、捕手・大野奨太が駆け寄ってきた。ベンチで待機していたチームメートがマウンドを目掛けて飛び出し、歓喜の輪が出来た。大谷は次々と仲間と抱き合い、ハイタッチ。満面の笑顔でサムアップ。選手1人1人と抱き合う栗山英樹監督の表情が喜びから感激の涙に変わり、先輩・中田翔は目を赤くしながら鼻をすすっている。

大谷はユニホームの右袖で目元を拭った。涙と思いきや、1安打完封の熱投でひたいに浮かんでいた汗だった。

「勝った瞬間は、終わったなっていう感じで、振り返ったら（大野）奨太さんがもう目の前に来ていたので。あの日は暑かったし、みんなが集まって息苦しかったので、ちょっと輪から外れましたけど（笑）」。人生初の胴上げ投手はずっと笑顔。心からの笑顔は、周囲を幸せな気持ちにさせてくれる。

70　いや、降りてきてません(笑)

二刀流選手の代表格であり、野球の神様と呼ばれた故・ベーブ・ルース氏。大谷がその足跡と交差する日が訪れた。

２０１６年4月1日ソフトバンク戦が静岡県・草薙球場で開催された。同球場は１９３４年日米野球でルース氏がプレーした地であり、その銅像も建立されている。

先発投手は基本的に中5日もしくは6日でローテーションするため、その巡り合わせに栗山英樹監督は〝ベーブ・ルースに呼んでもらったんだ〟としたが、本人はアッサリ「降りてきてません」と神様の降臨を否定。「降りてきました」と言われたら、それはそれでビックリするのだが、無茶ぶりにすぐジョークで返せるあたりも、大谷の〝オトナ力〟だ。

その日は球場のスピードガンが不調で、初回2死一、二塁の場面ではカニザレス（ソフトバンク）に投じた4球目が「１８０キロ」と球速表示されるハプニングも。

もちろん誤表示だったが、神様がちょっぴりいたずらをしたのかもしれない。

71 他人がポイッて捨てた運を拾っているんです

経営者であれ、スポーツ選手であれ、究極までやり尽くそうとすると、掃除に向かう傾向が強い。愛知県のカレーショップを全国チェーンに育てたカレーハウスＣｏＣｏ壱番屋の創業者・宗次德二氏は現在、名古屋の大通りを毎朝掃除している。逆に言えば、掃除をおろそかにする一流はいない。

大谷は高校時代から、当時の目標「１６０キロ」「８球団からドラフト１位」にたどり着くために必要な要素として「ゴミ拾い」を挙げていた。

プロ入り後は、２０１４年に引退した稲葉篤紀氏が手本になった。「稲葉さんが試合中、守備から戻ってくるベンチの前で、ゴミをサッと拾ったことがあったんですけど、カッコ良くて感動しました。僕は、前を通り過ぎてから（ゴミに）呼ばれてる気がして、戻って拾う。お前はそれでいいのかって、後ろからトントンされちゃうタイプなんです」。技だけが優れていても、一流にはなれない。ちっぽけなゴミひとつにも人生観が反映される。

72 自分の中ではピッチャーとバッターを競わせてませんし切磋琢磨もしてません

投手・大谷vs打者・大谷。実現するとしたら究極の闘いだが、本人としては両輪でプレーすることを自然なこと、として受け止めている。

高校時代、最初は投手として生きるつもりだった。しかし、人並み以上の身長に筋力がまだついていかず、入学時の体重は身長191センチに対して60キロ台。風に吹かれると、ユニホームの余った布地がはためいていたという。

当時の指導者・花巻東の佐々木洋監督は、1年生時は投手ではなく打者として起用。1年春にはいきなり4番を任せた。技術を身に着けるうちに打者としての能力も開花。本人としては、卒業時に投手、野手のどちらかに絞ることを決めかねていた。

「思っていたよりも、バッティングが楽しくなってきたんです。その分、ピッチャーとしては高校時代にやり残したことがあまりにも多かった」。ファイターズが大谷を獲得するにあたっての〝勝因〟は、相手の迷いを包み込んだことにあるのかもしれない。

FIGHTERS

73 宇宙飛行士ですかね。宇宙に行ってみたい

もしも、大谷がプロ野球選手じゃなかったら。

幼少時には水泳を習っており、バタフライのフォームは高校時代、思わず見とれるほど美しかったという。少年時代を知る人は一様に「野球ではなかったとしても、トップレベルのアスリートになったと思う」と口をそろえる。

本人は野球選手以外なら、宇宙飛行士を目指したかもしれないという。単なる思いつきではない。2016年3月、北海道教育庁とタイアップした読書促進キャンペーンでお薦め本に『イーロン・マスクの野望　未来を変える天才経営者』を紹介。マスク氏は宇宙関連を中心とした異才の経営者で、米国ではスティーブ・ジョブスを超えると注目される著名人。このチョイスに宇宙への本気度がにじむ。

その年の本拠地開幕戦のテーマは「ギャラクシーベースボール。宇宙一を目指せ」。大谷なら、本当に宇宙へ行くかもしれない。そう思わせるあたりも、日頃の行いの成果だ。

74 これぐらいは、いいんです

オフには1日6~7食、ウエートトレーニングで体重を100キロ超まで増量。シーズン前には絞って、パワーアップした体で臨む。2015年オフから習慣化した「増量トレ」だが、栄養学を元にした節制の中で行っている。

節制の〝敵〟は大好物のスイーツだ。中でもクレープを筆頭に、チョコレート、アイスクリームも含め「なんでも好きです」という甘党。甘いものを食べ過ぎると筋肉での増量ではなく、単に太ってしまうため我慢していることが多い。食べたとしても、ほかの食事量、内容で調節しなければならないため、普段は食べないようにしている。

しかし、たまには息抜きしたいもの。プチシュークリームを頬張ったところを指摘されて「これぐらいは、いいんです」と一言。酒はたしなむ程度でほとんど飲まない。ミスター・ストイックとはいえ、〝遊び〟がなければ息が詰まる。

完璧に見える22歳の可愛らしい瞬間だ。

MIZUNO
FIGHTERS

75

一緒にご飯を食べたりもしますけど変に敬語になってるんです

野球人生における恩人のひとりは、岩手・花巻東の佐々木洋監督だ。同監督は菊池雄星（西武）を育て上げた時は数十年にひとりの逸材だと信じていたが、中学時代の大谷を見て「まだ岩手県にこんな逸材がいたのか！」と驚愕したという。

人並み外れた体格を持つ大谷の体力作りだけでなく、心身両面に気を配った。81マスにわたる詳細な目標設定シートを書かせて目標を明確にし、本人に自主的な行動を促した。ほかにも「行動の基準は、正しいと思うことをしなさい」「先入観は可能を不可能にする」という好きな言葉も、もともとは同監督の教え。10代の大谷の心を耕してきた。

現在も親交は続いており、地元に帰省した時は同期で集まったり、恩師に会いに行ったりすることもある。話しかけると、佐々木監督は敬語で返答。「〝大丈夫です〟とか〝ありがとうございます〟とか。卒業したらそんな感じになるのか、と。びっくりしますよね」

恩師は、教え子であっても卒業したら、対等な大人として敬意を払っているのだ。

76　これなら、何回受けてもいいと思いました

たまに垣間見せる感情だからこそ、一層喜びを感じさせる。

2016年9月25日楽天戦（札幌ドーム）で、濡れねずみになったままお立ち台に上がった時だ。同点の延長11回、2死三塁から相手投手の初球が大きくそれ、三塁走者の大谷が本塁へ突っ込んだ。サヨナラ暴投。優勝マジックを3に縮める勝利だ。チームメートにペットボトルで〝祝福の水〟を掛けられた。

「もう嬉しくて。無我夢中で走りました」。打撃で貢献した。初回の左前打でリーグ史上初の同一シーズン100安打&白星をマークし、1点を追う8回には同点タイムリー。投打でフル回転する中、この日は野手としての喜びを味わった。

試合を動かしてはいけない投手の立場にいる時は、マウンドでは感情の振り幅を極力抑え、冷静さを保っている。しかし、試合を動かしていく野手としては、素直に感情が出せるのかもしれない。それぞれの立場に応じた喜びを見つければ、日々の幸せがある。

77 リンゴ10個で生活出来るなら（笑）

お金に頓着はない。

２０１７年の年俸は、７０００万円増の２億７０００万円。プロ5年目では摂津正（ソフトバンク）の２億９０００万円に及ばず歴代1位はならなかったが、球団ではダルビッシュ有（レンジャース）と並ぶタイ記録、球界歴代2位タイに。しかし、何を買うかと聞かれると「ＷＢＣのボールでも買おうかな。まだ2ダースしか持っていないので。ネットスロー、ティーバッティングが出来るくらい買いたい」。ＷＢＣ公式球は1個数千円するとはいえ、やはり興味は野球一辺倒。プロ5年目を迎えても、高級品に興味はない。

年俸をリンゴに例えて①投手選任で年俸が高い球団②二刀流で年俸が安い球団、どちらを選ぶ？　と質問された際は「（二刀流を）やってみたいんじゃないかな、やっぱり。誰もやったことないですから」と返答。但し書きで「リンゴ10個で生活できるなら」がついたが、年俸よりも「やりがい」を求めているのだ。

78 勝つには最高のシチュエーションでした

お膳立ては整った。2016年9月28日。マジック1で迎えた試合。対するは西武、憧れて背中を追った花巻東OB・菊池雄星（西武）との投げ合い。「優勝のかかった試合が、自分の登板に回ってくることも、なかなかないことですし、相手が雄星さんだったので、僕的には特別な感覚」。大一番は今季初めての1安打完封で締めくくった。

3月の開幕から5月まで白星がなかったことも、オールスター開始前に中指のマメを潰してしまったことも、優勝で全て消し飛んだ。

「最終的には楽しかったですね。今シーズンはどうなっちゃうんだろうって不安しか感じませんでした。でも、優勝してみると、そんなに深く思い悩んで追い込まれるほど、大したアレじゃなかったと思うんですけどね」

スーパースターには、向こうから面白いことが寄ってくる。チャンスの神様がそうさせているのかもしれない。

79 負けた思い出しかなかったので ひとついい思い出が出来ました

プロ入り後初めての甲子園勝利。

オープン戦ながら、2014年3月8日阪神戦で思い出の地を踏み、高校ではなし得なかった白星を挙げた。

相手先発は同い年の藤浪晋太郎（阪神）。高3のセンバツ初戦で大阪桐蔭と対戦し、打撃では藤浪から1発を放ったが、マウンドでは打ち込まれて2―9で敗れた。

その後、高校JAPAN、侍JAPANでチームメートとなり、良きライバルとしてプライベートでも親交がある。

2012年3月21日に高校生として対戦して以来、717日ぶりの甲子園直接対決を制し「楽しかったですし、投げやすかった」と振り返った。

「いい思い出」と言える時点で、既に甲子園は通過点となり、過去へと遠ざかっていく。前を見つめる大谷にとって、感傷は無用だ。

80
子どもの頃、野球に初めて触れた時 〝野球選手ってカッコイイ！〟と思いました

子どもの頃に憧れた人、モノ、コト。

その感動は、人生に後年まで影響を及ぼすこともある。大谷自身がそうだった。

「第一印象ってすごく大事だと思うんです。僕も将来、たくさんの子どもたちにそう思ってもらえるような選手になりたいですね」

今は、大谷自身がちびっ子たちの憧れの存在となっている。

二刀流自体が既に、漫画のヒーロー的存在だ。投手として先発しても先頭打者本塁打を放つなど、子どもが純粋に「カッコイイ！」と思うプレーを見せ続けている。

２０１６年オフの優勝パレードの翌日は、小学校を訪問。大はしゃぎの子どもたちと腕相撲、キャッチボールでたわむれた。

大谷のように世界の注目を集めるヒーローにはなれなくても、半径10ｍ内のヒーローになることは出来る。子どもたちが憧れる、大人でありたい。

第5章 克己心

ールジャパン
富士メガネ
富士メガネ
Gas One
一高
いちたか

81 自分自身が日本一の取り組みをしなくてはいけないと思っています

「日本一になる」という約束を2度、交わしたことがある。

1度目は高校生の時。チームとして甲子園で優勝することを目標とし、そのためには何をすべきかを考え、まずは取り組む姿勢、内容を日本一充実させるべきだと考えた。

「野球の技術だけでなく私生活、学校生活、周りを思いやる気持ちも含めて、日本一の選手になります」

2度目は2016年2月6日。故・ベーブ・ルース氏の誕生日に監督室へ呼ばれ、栗山英樹監督から手紙を書くように言い渡された。

「今年、日本一になります」

1度目の約束は実現出来なかったが、2度目の約束は果たした。

次の約束は「世界一の投手になる」だろうか。まだ見ぬ未来でも、大谷はきっと自分との約束を実現しようとするはずだ。

82
期待してくれてると思うので僕としては嬉しいです

本当に18歳だったのだろうか。

大人なら「あなたは間違っている」と言う相手に対し、「気にかけていただき、ありがとうございます」と棒読みの御礼を言うことは出来ても、「嬉しい」という言葉までは、人生大ベテランでも、そうたどり着ける領域ではない。

当時、日本中が大谷の二刀流の是非を問うていた。

野球評論家による意見の大半は投手、野手のどちらかに絞るべきという論調で、賛成派は我が道を行く落合博満氏ら数えるほどしかいなかった。

「野球界のいろんな人たちが考えてくれているだけでも、僕的には嬉しいというか。別にこの形を否定しているわけではなく」

昨今、耳にする言葉「ポジティブ」。大谷のそれは、ポジティブの意味を勘違いしたノリではなく、謙虚さを伴った前向き志向である。

OHTANI
11

83

打席の中からピッチャーがどう見えるか。そこには、打てそうな景色とそうじゃない景色があるんです

武道の高段者は、構えた瞬間に相手の力量が分かるという。大谷は打席に入った時に〝景色〟で打てる予感を味わっている。

「今年は打てそうだなと思って打てた、いいホームランが結構ありました」

かつての名捕手・古田敦也氏は、１９９３年盗塁阻止率・６４４の日本記録を誇った。二塁送球時はベース一点を注視するのではなく「全体をぼんやり見る」のがコツだった。やりたいこと、仕掛けたいことがある時は、その一点を凝視するのではなく、全体像を視野に入れるべし。剣道では、その着眼方法を「遠山の目付け」と呼ぶ。

打者としても進化中の大谷は、相手投手を〝景色〟として捉える境地に達している。「打てなかったところが打てるようになっているのを試合の中で実感出来た時って、自分の中でのレベルが上がった感じがして、すごく嬉しいじゃないですか」。全体像を把握してピンポイントで瞬間勝負。ジャンルは違っても、達人のやることは一緒だ。

84 ピッチャーとしての力量をはじめ本当に多くの課題が残った試合でした

見出しがつけやすい選手である。

次々と塗り替える記録、そして二刀流。マスコミが過去の歴史をひも解いて、名づけてくれる見出しの意味も理解しつつ、本人は自分と向き合うことに集中している。

この日もそうだ。２０１３年６月18日広島戦（マツダスタジアム）で「５番・投手」として出場。先発投手の中軸は１９６３年故・梶本隆夫氏（阪急）以来という50年ぶりの歴史的な日だった。投手としては４回４安打３失点。一方、打者としては降板直後の５回、同点で迎えた無死満塁のチャンスに遊ゴロで走者が生還し、結果勝利打点となった。

大谷にとっては通過点のひとつでしかない。

反省点について「挙げていくとキリがないんですけど、ひとつひとつクリアしていくしかないので。経験を大切にしながら、少しでも成長していけばと思っています」。

大きな節目でも、すぐに改善点を洗い出す。だからこそ、進化がある。

オリオン

85

任された嬉しさもありますが それだけではない様々な感情もあります

責任の意味を理解するにつれ、嬉しいだけでは済まなくなってくる。

２０１６年は２年連続開幕投手に指名された。初めて務めた２０１５年は5回２／３を投げて３安打１失点。６回途中に右ふくらはぎがつってしまい、緊急降板せざるを得なかったが、シーズンでは自己最多の15勝をマークした。

開幕戦は年間１４３試合のうち、たった１試合。開幕投手は各チームのエース格が務め、華のある顔ぶれがそろう。

「そこを目指してやらないといけないと思ってやってきましたし、チームに勢いをつける意味でも重要な役割なので気は引き締まりました。マウンドに立つ以上は大きな責任もありますし、何とかその役目を全うしたいです」

試合に出場すること自体に喜びを覚えたルーキーから、チームの重責を担うエースへの成長。背負うものが大きくなればなるほど、使命感が出てくる。

86 僕は〝羽生世代〟です

プロ野球きっての若きスターが、究極の謙遜。

同い年で、フィギュアスケート界の大スター・羽生結弦のことだ。

２０１６年1月、優れたアスリートを表彰する第50回ビッグスポーツ賞の表彰式に出席し、初対面を果たした。

「世界一の投手になりたい」という目標も持つ大谷は、既に世界一になっている羽生に尊敬のまなざしを向けた。

「同学年ですが、しっかりしていると思いました。彼は世界の羽生選手ですから。僕なんかは話しかけられないですよ」と大きな体を折り曲げて恐縮した。

「僕は〝羽生世代〟だと思っています。世界で勝っているんですから。僕は国内だけです。羽生くんは確実に自分の世界を持っていますし、僕にはそういうところがないので」

世界のトップに敬意を払う。地位ではなく、そこに至るまでの努力に感服するのだ。

MIZUNO

87 小さい時から、ずば抜けた成績を残してきたわけではありません

向上心の塊のまま成長することが出来たのは、原体験があるからかもしれない。全国大会で勝ち上がった経験は少なく、甲子園では2度とも初戦敗退を喫している。しかし、身近にいつもヒーローがいた。

幼少時には、社会人野球で強肩でならした父がスーパーヒーローだった。高校進学を意識し始めた時期には甲子園準優勝を飾った左腕・菊池雄星（西武）がいて、食い入るように見ていたパソコンの向こう側には当時ファイターズのエースだったダルビッシュ有（レンジャース）、楽天のエース・田中将大（ヤンキース）が動画の中で躍動。岩手県の高校生はいつも、画面を通してスター選手と向き合っていた。

負けず嫌い、好きなことには集中。

持って生まれた性格に加え、歩んできた道がある。勝てなかった悔しさが「もっと、もっと」の向上心につながり、今があるのだ。

88

僕はまだまだです。
すごいパフォーマンスを長く出せる投手になりたい

尊敬する選手がひとり去った。日本シリーズ後に引退した黒田博樹氏（元広島）。メジャー挑戦を目指していた大谷にとって、ドジャース、ヤンキースで5年連続2桁勝利、日米通算２０３勝を挙げた右腕は、活躍を見つめ続けた選手のひとりでもある。

「寂しいですが、最後まで対戦出来るチャンスがあるのは幸せ。ありがたい。勉強になります。対戦すれば必死に食らいつくことになりますが、後になって感じることもあると思う。黒田さんみたいな選手になりたいです」

日本シリーズでは「打者・大谷」として対戦した。黒田の最終登板となった第3戦で3打数2安打。二塁打2本、左飛を放つ中で「ほぼ全球種を打席で見ることが出来ました。間合いやボールの軌道が勉強になりました」。

黒田の8球は大谷への置き土産。言葉にするよりも、行動で示す。いつか海を渡る日に、大谷も誰かに置き土産を残す時が来るかもしれない。

89 僕はマイナス思考なんです。だから弱点が見えたらしっかり直して塗り潰したい

世の中、プラス思考の花盛りだ。そこはプラスじゃマズイだろうという場面でも、反省しないまま羽ばたいていく人もいる。

一方、大谷はマイナス思考と明言する。一番近くで見ているチームメートから「ストイック」と評される真摯な姿勢は、不安の裏返しだという。

「良かった時より、悪かった試合の方が記憶に残るんです。自分の弱点があったら、しっかり直していきたい。頑張れという声も、自分がマイナス思考の時は〝ちゃんとストライクを入れろ〟に聞こえるんです」

いずれも、どちらかに偏り過ぎるのも苦しいが、自分の内面と対話するタイプはマイナス思考寄りとなる。

不安を抱えたまま生きるのは苦しい。ひとつひとつ努力で塗り潰した先には、理想に近い自分が待っている。

OHTANI
FIGHTERS

90 悔しい思い出しかない

公式戦での甲子園プロ初登板は、苦い思い出を「塗り潰す」日になった。

２０１４年6月18日の阪神戦で当時自己最多11三振を奪い、シーズン６勝目。甲子園では日本人最速となる１６０キロを２度マークした。

花巻東時代はこの地を２度踏んだが、いずれも1試合を戦っただけで地元へ帰らざるを得なかった。歴史的な記録を出し続けても、日本一に輝いても、憧れだった地はほろ苦い思い出のままだった。

「球場ごとのイメージも大事かなと思うので、良かったです」

しかし、試合自体の調子については「直球が全然良くなかったし、変化球もいい球がなくて、どうなるかと思いました。納得のいく球はありません」。１６０キロを連発しながらも、調子が悪いとは恐れ入る。

全ては過去のこと。感傷に浸る間もなく、走り続ける。

asics
FIGHTERS
Glico

91 食事内容はどこにいっても変わりません。トレーニングの内容も変えたくありません

日本一になったら束の間、ゆっくりと羽を伸ばしてリフレッシュ。と思うのは、周囲だけだった。2016年の優勝旅行先は米ハワイ。公に認められた1週間の休暇でもあるが、大谷はハワイでもトレーニングを計画していた。

「そんなに満喫ということはないと思います。例年以上にない時間をどう充てるかも大事です」

この旅行中も行事の合間を縫って自主練習に精を出し、帰国前夜に開催された球団主催のパーティー後もウエートトレーニングで締めたという。前シーズンよりも、野球がうまくなりたい。その一心で逆算すると、羽を伸ばしている時間はないと判断したのだ。

元巨人の背番号8、高田繁DeNAゼネラルマネジャーは現役時代から怠惰を嫌い「好きな時間に寝て、好きなだけ食べてるようでは」と話したことがある。大谷もまた、怠惰とは無縁。最優先はコンディション作り。余った時間だけが、文字通りの余暇だ。

92 必死になって取りに行こうと自分に言い聞かせました

苦い思い出がある。しかし、たとえ苦くとも、その過去と向き合えば未来を明るくすることは出来る。ペナントレースは結果を出したが、過去の国際大会では２０１５年プレミア12に出場も、準決勝で好投実らず、後続が打たれて韓国に敗れるなど苦杯を喫した。

２０１５年当時は、まだ自信がなかった。「なぜ勝てないんだろう、なぜ大事な時に限って結果を出せないんだろうって……。ここ一番の試合で勝ってきていないので、自分自身にイマイチ自信を持てていなかったんです。でも、結果を出せたら、自分の中で変わるところがあるのかなと思い直しました」。オフ中はダルビッシュ有（レンジャース）らと合同自主トレを実施した。また、一方でシーズンの疲労をとるために、一時期は右腕を使わないように努めるなど、準備に余念がない。

日本一にはなった。では世界では。

自分の立ち位置を新しい基準で確認しようとしている。

93 その日に起きた良かったこと、悪かったこと。自分が感じて「次にこういうことをやろう」という内容を書き込むようにしています

8歳から続いている習慣だ。小3直前で野球を始める頃から、父・徹さんは「野球ノート」をつけさせた。ぼんやりと思った内容は字で表現すると明確となり、頭に入る。高校時代に〝絶対に守る3カ条〟として挙げた「一生懸命声を出すこと」「一生懸命走ること」「一生懸命キャッチボールをすること」は、既に小学生時代のページに記されている。

野球ノートは進化した。いつしかスマホのメモとなり、iPadになった。ノートに清書しながら、プロ入り後もずっと続いている。「もちろん、野球に関することが多いですけど、そのほかにも自分が気づいたこと全般を一言二言、箇条書きで。後で〝この時はこう思っていたんだ〟と読み返すためです」

野球に関連した内容だけでなく、読書の中で心に残ったフレーズもメモ。自分に活かせないかと、きっかけ作りにも利用している。「頭が悪いから、メモをとらないと忘れてしまうんです」と冗談めかしたが、この習慣が「考える」という作業に深みを与えている。

94
結果を出すために
やり尽くしたといえる1日1日を
誰よりも大事に過ごしてきました

1年365日を全て、野球に捧げた自信がある。コンディション作りを最優先し、遊びまわることもない。無為に過ごした時間はない、と言い切れるほどの生活を送ってきた。

「プロ1年目より2年目、2年目より3年目、今が一番、僕の中では自信がありますね」

2015年オフは合同自主トレで渡米し、米アリゾナ州にあるダルビッシュ有（レンジャース）の自宅を訪問。大谷自身も自らに禁忌を課すタイプだが、先輩もまた、ストイックだった。午後6時に夕食、2時間後に夜食、さらに様々なサプリメントを摂取。食事内容は高タンパク、低脂肪を心がける徹底ぶりに驚かされ「教えてもらうことはたくさんある」と目を輝かせた。

「僕が良くても、チームが負けちゃ、まだまだです。やることがいっぱいあって、暇な時間はありません」。自分の意志次第で、有為な時間を過ごすことは出来るのだ。

FIGHTERS
藤井ビル
UC

95 盛り上がってくれて嬉しいです。しかし、もう切り替えています

歓喜の日本一から22日後。２０１６年11月20日、優勝パレードが北海道札幌市の札幌駅─すすきの交差点間で行われた。優勝から約３週間が経過していたが、約１キロの行程に集まった観衆はなんと約13万８０００人。沿道を埋め尽くすファンは、冬将軍が近づいている寒空をものともせず、札幌市中心部に大集結した。

「すごかったです。想像していたよりも多かった。面白かったです」。オープンカー式のバスに乗った大谷は、名前を呼ばれるたびに手袋をつけた手を振り、寒空の中に集まったファンへ感謝の気持ちを示した。

冷めやらぬ北海道の熱狂。しかし、大谷は既に次のシーズンへ動き出していた。「シーズンが終わって時間も経っているので、気持ちは来年に向けてやっています」

大谷にとって、オフは「野球がうまくなるための期間」。充実した雌伏の時が次なる栄冠を手繰り寄せる。

96

想定内で発揮出来る力が自分の実力。計算出来ない部分はあまり必要じゃないかなって思うんです

確実性があるものが実力。偶然はその限りにあらず。

事前に頭の中でシミュレーションを行い、不安を払拭し、打ち取るイメージを描いて試合に臨む。用意周到の大谷にとって、たまたまのラッキーは、実力のうちにカウントするものではない。

感情のレベルを努めて一定にし、マウンドでは冷静な状況判断を自分に求める。稀にガッツポーズを繰り出す時もあるが、そんな自分には不満らしい。

「本当は吠えたくないんですけど……。吠えるってことは、自分の予想を上回るパフォーマンスが出来た時なので、想定内を超えているというか。想定内で発揮出来る力が自分の実力なので、計算出来ない部分はあまり必要じゃないかなって思うんです」

運も実力のうち、とは言うが、運を引き寄せるには実力ありき。確実な自分を確立していけば、向こうから運が近寄ってくる。

97

周りから多少持ち上げられても父の言葉で身が引き締まりました

家族は手本。子どもに対して、最初に最も大きい影響をもたらすのは、時代が変わってもいつも親だ。

岩手県では無敵に成長していく息子の手綱を締めたのは父・徹さんだった。

大谷は教えたことはすぐに体で表現出来る能力を持っていたが、基本的な練習を一生懸命やり続けることの大切さを繰り返し説いた。

中学時代に所属した一関シニアでは、父はコーチ。チームでも、家庭でも野球漬けだった。自分は野球がうまい。天狗になりそうな心の芽が出ると、父はその芽を断ち切ってくれていたという。

「父はプロを目指しながらも、なれなかったので〝プロは甘いものじゃないぞ〟といつも厳しさを伝えられてきました」。記録を塗り替えても、日本一になっても、天狗にならない謙虚さ。幼少時の教えは今も生きている。

98 練習を誰かと一緒にやるのは嫌です。トレーニングを見られるのも嫌です

単独練習を好む理由は「ペースを乱されるのが嫌いなんです」。マイペースといえば、ゆったりとした時の流れを連想しがちだが、大谷のそれは禁欲的なマイペース。自分に与えた課題に集中したいという意志の表れだ。

休んだとしても野球の神様が許してくれそうな時期でさえ、コツコツと練習を欠かさない。2016年12月の米ハワイへの優勝旅行では、同行した報道陣に「僕を捜さないでください」と冗談めかしつつ、合間に黙々とトレーニングを行った。

クリスマスイブ、翌日のクリスマスも千葉県鎌ケ谷市の2軍施設で自主練習。大晦日にNHK「紅白歌合戦」にゲスト審査員で出演するなど例年以上に多忙なオフだったが、自分を甘やかすことなく過ごしてきた。

オフの私生活は「そんなにお酒も飲みたいなとは思いませんし」と練習最優先。目的へ一直線に向かう。そのために何が必要かを考えれば、自然と禁欲的なマイペースが生まれる。

第5章　克己心

99

たとえ痛みがあったとしても抑えられるピッチャーにならなくてはいけない

エースの資格は、痛みに強い人だという。

高校時代、痛みと闘った時期に悔いを残している。2年夏の甲子園は初戦で帝京と激突。県大会前に右太腿を故障し、実戦のマウンドをほぼ踏めないまま大舞台に挑んだ。

4回途中から登板して5回2／3を6安打3失点。打者としては、6回に一時同点とするタイムリーを放ったが、7―8で敗れた。

痛みの原因は成長痛の影響だった。身長190センチを超えようという体に成長する中で逃れようのないものだが、大谷は痛みとともに出来うる最大限の努力を払った。

トレーニングだけでなく、体のケアにも時間をかけ、ストレッチにも気を配った。高い素質があっても、故障を繰り返しては実力を発揮する場がない。体への高い意識はこの頃から積み重ねてきた。

必要なのは無理でも我慢でもなく、強さ。エースには人間性も求められる。

100 二刀流向きの手なんです

強がりかもしれない。同時に、気遣いでもあった。

左打ちの打者は、打撃練習を繰り返すうちに右手にマメが出来る。大谷は左打ち。右腕投手として最も大切な右手、その指にもマメが出来る可能性もあるのだ。右利きの投手は右腕を下にして眠ることはない、と言われるほど、投手は利き腕を大切に扱っている。

二刀流を始めたばかりの頃、心配する周囲にこう言ってのけた。

「僕、ここにはマメが出来ないんです。二刀流向きの手なんです」

マメを気にしていたら、二刀流という挑戦を潰すことになってしまう。そして、周囲もざわついてしまう。両方を解決するには最善の〝返し〟だった。

日本最速165キロを出した2016年のオフは、利き手を極力使わないという〝右腕封印作戦〟を実施。選手会ゴルフも辞退、イベントでも右腕は使わないなど徹底して疲労回復に努めた。可能な限りの手を尽くし、2017年シーズンに臨んでいく。

第6章 哲学

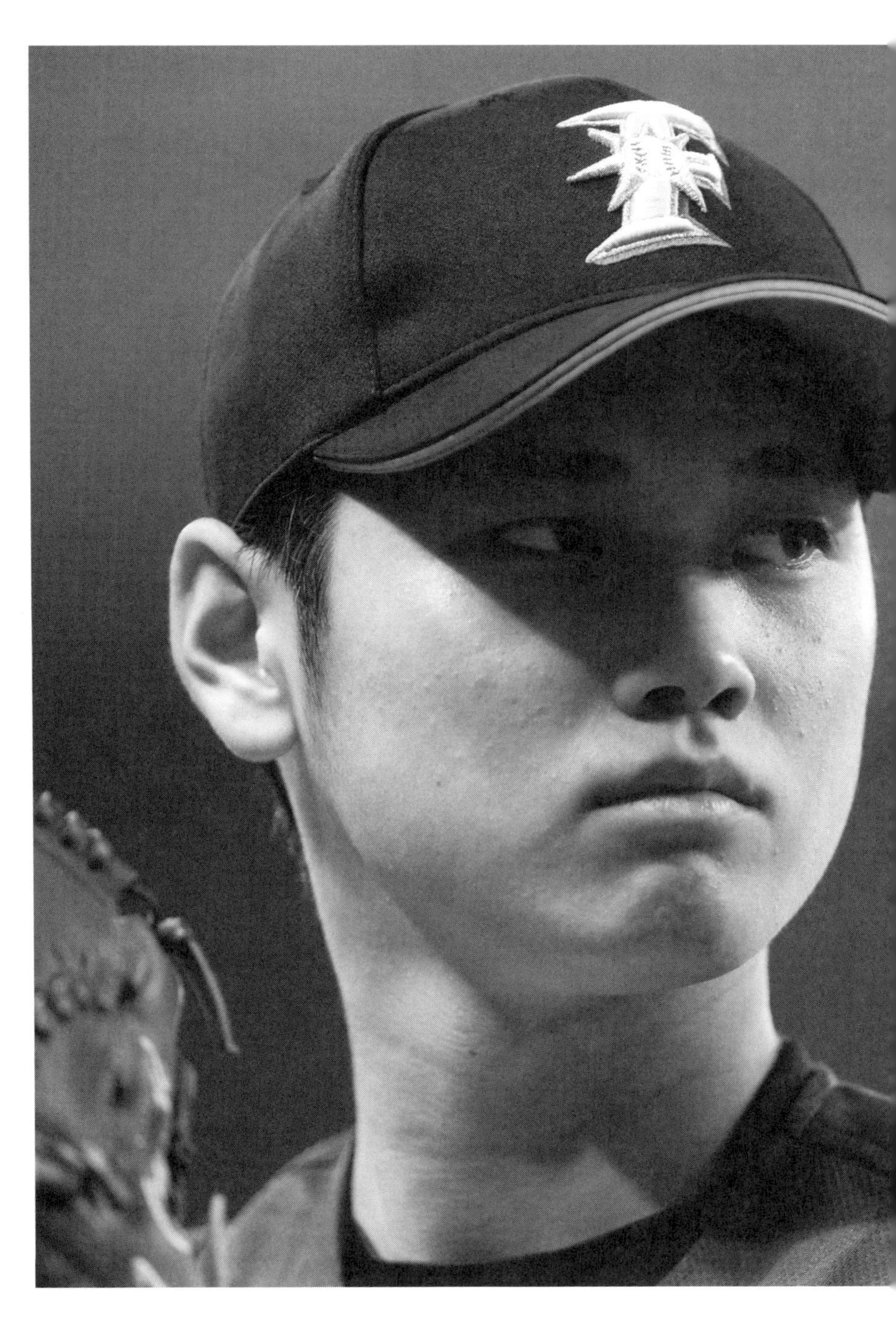

101

レベル100の全スキルを持っているのは野球の神様だけ。だから、ここまで野球がうまくなったんだということを自分の中に残したい

投打にわたる活躍。大谷はそれだけではなく、走塁にも優れている。

50メートル走は6秒3だが、一塁到達タイムは3秒80。プロ野球速報などを手掛ける「パ・リーグTV」が各選手のタイムを独自計測した特集動画では、3秒90台の選手が多数を占める中で俊足ぶりを証明した。

野球の神様は大谷に走攻守全てを与えた、と周囲は見るが、本人は違う。

「ちっちゃい頃から野球を始めて、終わるまでの野球人生、30年以上あったとして、全部の技術を習得することは出来ないと思うんです」

本人の向上心は気高い。

「走攻守、全てにおいてレベル100なんてあり得ない。だから、どこまでそこへ近づけるのかが一番の楽しみですし、現役のうちに出来る野球の技術、全てに取り組みたい」

若き求道者は自分の能力を全て使い、可能な限りの全てを吸収するつもりだ。

102
出来るか出来ないかよりも誰もやっていないことをやってみたい

たどり着いた時、どんな景色が待っているのか。大谷について回る〝前人未踏〟。プロ野球の記録だけでなく、将来的に「宇宙へ行ってみたい」というあたりは、筋金入りのパイオニア魂の持ち主だ。

「出来るか」「出来ないか」の問いは、自分の限界を勝手に設定した脳内議論だが、「誰もやっていないことをやりたい」という希望は、たとえこの瞬間は出来なくても、いつか出来るようにするという前向きな思いにあふれている。

いずれ、メジャーに挑戦する日がやってくる。

「もし、その時に投手と打者のどちらかに絞ったとしても、今やっていることは必ず生きてくると思います。人と違うことをやってきて、そこに至った時、どうなるのか」

米国でもまた、「誰もやっていないこと」を目標にするだろう。尻込みせず、むしろ変化を好む。壮大な夢を追いかける人は、いつの時代も変化を恐れない。

103

先入観は可能を不可能にする

高校時代に「好きな言葉」として挙げたフレーズだ。

これは伝説のボクサー、故・モハメド・アリ氏による名言の一説「不可能とは、自力で世界を切り開くことを放棄した臆病者の言葉だ。不可能とは、現状に甘んじるための言い訳にすぎない。不可能とは、事実ですらなく単なる先入観だ……」と共通する。

大谷にとっては、岩手・花巻東時代の指導者・佐々木洋監督に伝授された言葉だという。「150キロを投げたかったんですけれど、160キロを目標にしようと言われて、最初は無理なんじゃないかと思いました。でも、やっていくうちに手応えを感じるようになってきて、そのうち出来るんじゃないかなと思うようになりました。自分で無理だと思ったら、出来なかった。最初から出来ないと決めつけるのはやめようと思いました」

アリ氏の名言には続きがある。「不可能とは可能性だ」。未知の領域に挑戦し続ける大谷は、それを体現している。

104

自分に制限をかけることが出来る、それが大人。今の自分はまだまだですが制限をかけて行動することは大事です

ストイックの真骨頂。

年齢では大谷を上回る人間であっても、これを日々実践できる大人が果たしてどれくらい存在するだろうか。言葉の源は、母校・花巻東の佐々木洋監督まで遡る。

「〝楽しい〟より〝正しい〟で行動しなさい」

当時の心に響いて以来、今もずっと胸の中にある。

「すごくきつい練習メニューがあるとして、それを自分はやりたくない、でも自分が成長するためにはやらなきゃいけない。そこで、そのメニューに自分から取り組めるかどうかが大事な要素なんです。何が正しいかを考えて行動できる。それが大人」

これでいいや、を自分に許さないのだ。また、「制限」を隠れみのに、自分の限界を勝手に作ることも許さない。

自律すること。挑戦し続けること。大谷が考える「大人像」だ。

105
見るポイントは相手のいいところだけ。相手の弱点を突くより自分がどう成長するかの方に興味があります

グラウンド以外でも、動画によるフォーム研究に余念がない。

見ている動画は自分のフォームではない。他選手の動きを観察し、自分に取り入れるポイントを探しているのだ。

「タブレットの動画で、いろいろな選手の投げ方や打ち方を見て、〝次の練習でこういうことをやってみよう〟〝この人のこういうところを真似してみよう〟と研究しています。そういう時間がすごく好きですね」

勝つためだけの目線なら、投手の場合は、相手打者の短所を見つけ出してそこを突き、打者の場合なら投手の癖を見抜きたいところ。

しかし、大谷の場合は相手の長所を見ているという。実際にそうかもしれないし、先輩たちへの配慮かもしれない。いずれにしても、全ての要因を自分自身に求める強さ。大谷には、それがある。

106 自分が「やりたい」と思える練習であれば努力だとは思いません

修行僧のような真摯な生活も、大谷は努力と呼ばない。

「打ちたくなったから、打っているだけなんです。子どもがボールを打ちたくなって、バッティングセンターに行くような感覚ですね」

幼少時代、鬼ごっこやスポーツに夢中になっている時、誰も〝今、自分は努力している〟などとは考えもしない。

やりたいから、やっている。野球への情熱は子どもの頃と同様に真っ直ぐだが、大人の階段を上る大谷は、〝自分にとって必要なことだから行っている〟ということも踏まえる。

「プロの世界で戦っていく中で、1年1年の勝負が厳しいことを実感しています。まず、目の前のひとつひとつを確実に勝ち、前よりも良くしていく。その中で、自然と先にある目標やビジョンが見えてくるのかなという気がします」

目標を叶えるために今、何が必要なのか。それを意識すれば、自然と頭と体が動き出す。

107 好きでやっていることなので基本的には何を言われても気になりませんでした

先発ローテーション投手の1週間は、リズムが決まっている。登板翌日はジョギング、エアロバイクなどをこなし、乳酸などの疲労物質を除去。そして、翌々日は完全休養日に充てられる。そして次なる登板に備え、準備を再開する。ただし、これは〝投手専任〟の流れ。二刀流をこなす大谷は登板翌々日も、打者としての練習のためにグラウンドにいることがままある。

ファイターズは、個々人に合った育成プログラムを実施することも強みだが、大谷に関してはともに手探りしながら、調整方法を確立してきた。

大谷は「調整法が難しい」とは口にしても、決して「苦しい」「つらい」という言葉を発してこなかった。

自分がやると決めたこと。苦しかろうが、つらかろうが、やり続ける。決断するとしたら、その先に見えた未来を求めたのだった。

OHTANI
FIGHTER
ニトリ

108 自分の中で「もうそろそろかなあ」という気分になったので、〝音合わせ〟に入ったんです

自分のコンディションをオーケストラに例える。これもまた、大谷ならではの〝自分との対話〟だという。

オフの肉体改造を経て「体」を準備。次に、野球の基本として重要視しているキャッチボールで「技」を修正し、磨いていく。最後に「心」で自分の状態を推し量り、最も効率良いフォームになるよう、体と技をすり合わせる。

オーケストラでいうところの「調音」だ。目指す先は「無駄なく、ロスなく、なるべく余分な動きを省く、最少の動き」という超効率的なフォーム。「自分の感覚の中で、これは必要ないなという邪魔な動きを使ってタイミングを取っていた部分があったんですけど、そこを省きたい。そうすると、力が伝わらないとか、ワンテンポ遅れてしまう部分が出てきてしまうんで、今度はそのための違うリズムの音を探さなくちゃならない」

今年は、大谷の中でどんな交響曲が聞けるのか。内面との対話は様々な創造を生む。

109 まだ21歳。しかし、もうプロ4年目です

プロならば、期待は応えるものではなく、超えるものだという。

「翔平はここまでやってくれるだろう、と監督が思う、もうひとつ上をいけたらいいんじゃないかなと思います」

親戚でもないのに親しみと尊敬をもって、日本中が成長を注目している。21歳で開幕を迎えた2016年。ルーキーイヤーと比較すれば、あどけなさが残っていた顔は精悍さが増し、少年から青年へと変貌を遂げている。

この年、球速は日本最速の165キロをマークした。「昨年の段階で、160キロを何度も投げるとは想像していなかったので、いい意味で自分の期待を裏切ってくれた」と振り返る。4年目で165キロなら、1年後、2年後は――。

人類最速となる170キロについては「まだ肩回りの筋力が追いついていない」。大きな夢と自分の現状を比較。足りないものにこれから補っていくつもりだ。

OHTANI
FIGHTE
ニトリ
Nipponham
ニトリ

110 右打者のインコース、左打者のアウトコースへの真っ直ぐがシュート回転するかどうかで調子の良し悪しは分かります

プロは誰しも、自分の状態を推し量るバロメーターを持っている。

名投手でならした江夏豊氏は外角低めの直球のコントロールを基準としていた。大谷もまた、自分の物差しを持っている。

「調子がいい時は、右バッターのインコースにきっちり投げられます。右バッターのアウトコース、つまり左バッターのインコースはその日の調子にかかわらず、いいボールを投げられることが多いんです。右バッターのインコース、左バッターのアウトコースへの真っ直ぐが、シュート回転するかどうかで調子の良し悪しは分かります」

選手によってはコントロールを基準とするだけでなく、塁間のダッシュタイム、汗のかき方など、個々人で自分の調子を知る方法は他にもある。

「今日の自分」はどのような状態にあるのか。自分を知ることも自己管理に向かう準備の準備。内面を観察することで、新たなルーティンが生まれるかもしれない。

111

打者にこういったボールもあるぞと思わせることもありますが、一番の理由は投げていて僕が単純に面白くなるからです

体は進化した。精神面も成長した。

あとは技だ。

直球は文句なしの日本最高の快速右腕。変化球はこれまでスライダー、フォークが多かったが、２０１６年はチェンジアップを交ぜるようになった。

高校時代も2種類を投げ分けていたが、プロ入り後は一時封印。プロのレベルで操れるように工夫を重ね、精度を上げてきた。

「バッターの反応を見ながら打ち取っていくことが、ピッチャーの楽しみでもありますから。ただ、あくまでチームの勝利が最優先なので、使いどころはしっかり見極めながらになりますが、これからは大きな武器のひとつになればいいと思います」

どのシーズンをとっても、「同じ大谷」はいない。

男子三日会わざれば刮目して見よ。日々鍛錬を続ける若者は歩みを止めない。

OHTA
11

112 行きましょうか

エースの自覚がそう言わせた。２０１6年クライマックスシリーズ・ファイナルステージ第5戦。３点リードの9回、意外な選手の名前がアナウンスされた。大谷だ。

７回までは「３番・ＤＨ」で先発出場していたばかり。２―4まで追い上げた4回、厚沢和幸ベンチコーチがロッカールームで大谷へ近づいた瞬間、「行きましょうか」と自ら口を開いた。

「序盤から投手も使っていたし、おそらく出番があると思っていました」

初球でいきなり１６３キロを計測すると、プロ野球史上最速の１６５キロを連発。守護神としての大谷の登場だけでも地響きのような大歓声に沸いたが、加えて１６５キロの記録まで飛び出し、札幌ドームは驚きと感激に包まれた。

自分から口にした「行きましょうか」。

チームのために、相手のために自分はどう役に立てるのか。プロの仕事の在り方だ。

OHTANI
11
ホクレン
NH
Nipponham
ニトリ

113 〝ありがとうございました〟というものだと思います

プロフェッショナルは、大歓声を力に変えることが出来る。

ファンの声援が場内を支配すると、何かが起こりそうな空間に作り変えることもある。日本最速記録165キロを叩き出した時、札幌ドームは異様な雰囲気に包まれていた。

「あの日はいい投げ方は出来ていなかったんですが、球場の雰囲気と、CSのラストという場面だから出来たと思います」

ファンがいてこそのプロ野球。誰も見ていない中でいくら超ド級のプレーをしたとしても、それは河川敷の草野球と変わらない。プロフェッショナルとは呼べないのだ。

11月、北海道札幌市で行われた優勝パレード。歓声とともに「おめでとう」「ありがとう」の声が交錯した。「来年また、ここに戻ってこれるようにしたいです」

自分の仕事を喜んでくれる人がいる。それはプロとして、とても幸せなこと。ファンへ感謝しながら、大谷は再びプロフェッショナルの道を邁進する。

114 日本人が出したらすごいじゃないですか

２０１７年1月現在、世界最速記録はアロルディス・チャプマン（17年よりヤンキース）が持つ１６９キロ。２０１０年、16年に１０５・１マイル（約１６９キロ）を計測しており、以来誰もその数字に肩を並べた者はいない。

大谷はクライマックスシリーズ・ファイナルステージで自己、そして日本記録を塗り替える１６５キロを叩きだし、人類最速タイへあと4キロと迫っている。

「人類最速まであと4キロなので、一番速い球を投げる人になってみたい」

誰もやったことがないことをやってみたい、という大谷ならではの言い回しで、人類最速記録への意欲を示した。

高校の時、野球ノートに「１７０キロを出す」と書いたことがある。当時チャプマンが初めて１６９キロを叩きだした時期。「ノリで書いた」と笑うが、大谷ならばいつかやってくれそうな予感がする。この人なら何とかしてくれる。それもまた、信頼のひとつだ。

115 ピッチャーと、外野手です

誰が呼んだか、二刀流。

おそらくスポーツ紙の見出しが発信源となり、もはや大谷の代名詞として定着している。過去には松井秀喜氏が石川・星陵時代に、スポーツ紙記者から「ゴジラ」と命名され、その愛称は太平洋を渡った。

大谷が今後、メジャー挑戦を決めた場合は、米国各紙には「二刀流とは」の説明記事があふれ、宮本武蔵も巌流島でビックリすることになるだろう。

ただし、本人は「二刀流をやっています」とは言わない。あくまで周囲がつけたキャッチフレーズだ。

「僕の中では、ただ野球を頑張っているという意識でやってますから、やるべきことは区別して取り組みますけれど、そんなふうに区別することはないかなと思います」

周囲の喧騒も、どこ吹く風。受け流すしなやかさは、柔軟な強さでもある。

116

これで100%良かったと思ってますし もうひとつの選択肢はどうだったか一生分からない

選ばなかった人生を思う。そこにセンチメンタルを感じるか、それとも大きな悔いを残しているかで、その後の人生も変わってくる。

18歳の大谷はメジャーか、ファイターズ入りかの二者択一に悩んでいた。当初は国内球団から指名されても入団を辞退する意向だったが、二刀流に大きく心を揺さぶられ、ファイターズ入団という断を下した。

あの時、もしメジャーへ行ったとしたら——。

「どうなっているかは分からない。潰れてしまって、今頃はもう野球をやってないかもしれないですけど。（投打兼任で）ふたつやれてるのも、あの時にはなかった可能性ですし、遠回りではなく、むしろ近づいたんだと思ってます」

大谷は自分で納得して決断した。10年後、20年後、若かった自分を振り返ったとしても、そこに後悔はない。

OHTANI
11

117
僕がどういう選手になるのかは自分で決めることだと思います

生まれてこの方、自分で立てた目標に立ち向かってきた。それが当たり前だった。だから、どう生きるかは自分自身で決める。

周りに流されない大谷には、確固たる意志がある。ファイターズから当初、二刀流を提案された時は「疑うわけじゃないですけれど」と冗談めかしつつ、「このまま打者になってしまうのでは」と懸念も抱いたという。

I have a dream――故・キング牧師の名言のように、大谷の心には夢がある。「どういう選手になりたいのかと言われたら、毎回試合に出て、大事なところで打てる選手。任された試合には負けないピッチングが出来る選手。チームの柱として頑張ってる自分を想像するのはすごく大事なことかなと思います」

自分の人生の選択権は、自分だけにあるのだ。そう意識するだけでも、今いる世界は広がりをみせる。

FIGHTERS
NH
ニトリ

118
取られた分の倍くらい取り返したいと思って打席に立っています

二刀流ならではの〝勝ち星換算〟がある。

例えば、投手で10勝を挙げたとして、打撃でも勝利打点を年間10打点稼いだとしたら。単純計算で合計20勝分の貢献をしたとみることも出来る。

それぞれさらに数字が積み上がったとしたら、野球選手としては最強と言えるだろう。

２０１６年日本シリーズ開幕戦は、先発したが6回5安打3失点で降板。広島打線に２被弾したことが響き、チームは初戦を落とした。

しかし、「3番・ＤＨ」で先発出場した第3戦では、延長10回2死二塁の場面で、右前へ劇的なサヨナラ打。「僕のふがいない投球で負けてしまった。サヨナラで決めて、明日、明後日につなげたいと思っていました」

二刀流だから可能な〝倍返し〟。身の回りに起こる出来事の原因を自分に求める大谷には、自ら取り返しに行ける投打兼任がマッチしているのかもしれない。

119
自分がどこまで出来るかということに関しては制限はいりません

きっと、ダメだろうな。大きな問題を抱えた時、頭をよぎるのは諦めから来る先入観。

それは、わざわざダメにする努力を始めることとあまり変わりはない。

二刀流を提案された時、大谷は素晴らしいプランとして受け取った。どちらかを諦めるのではなく、両方とも挑戦出来る、と。

業界の常識はさておき、自分はどうしたいのか、何を為したいのかが一番重要だ。

「憶測だけで制限をかけてしまうのは無駄なことだと思います。子どもは〝プロ野球選手になりたいです〟って言うじゃないですか。子どもはそういう制限はかけないのかなと思います。周りの大人たちの前で、声を張って言える子どもが実際、プロ野球選手になっているんだと思います」

ダメだろう、ではなく、何とかするという強い意志。

それがあれば、たとえゴールまでたどり着かなくても、ゴールの近くまでは行けるのだ。

120
僕は、もっともっと、出来ると思います

誰よりも、自分が自分に期待している。その期待を裏切りたくないからこそ、走り続けることが出来る。

年々積み上がる努力と経験。プロ4年目の2016年を振り返り、大谷は言った。「個人的には満足していません。全体的な取り組みも、結果もそうです。もうちょっと出来たんじゃないかと思う。もっとやらないといけない」

理想が高ければ高いほど、苦しみは大きい。「日本一の取り組み」を目指すだけに「納得いかないことはたくさんあります。練習しかない」とさらなる修業を積むつもりだ。

2017年オフ以降には、メジャーへ挑戦する可能性もある。

「昔から行きたいのは変わらないです。〝いつかやってみたい。結果を残したい〟という思いでやってきました」。海を渡る時期はきっと、自分との対話で決めるのだろう。大谷の「もっともっと」をこれからも長く、見続けられる我々は幸せだ。

OHTANI
11

[参考文献]

雑誌

「アマチュア野球」「文藝春秋」「週刊文春」「Number」

「SPA!」「DIME」「プロ野球ai」「野球小僧」「週刊現代」

「週刊ベースボール」「FLASH」「BIG TOMORROW」

「Hanako」「メンズノンノ」

新聞

「日刊スポーツ」「スポーツニッポン」「スポーツ報知」

「北海道新聞」「サンケイスポーツ」「朝日新聞」

動画

「パ・リーグTV」

テレビ

「フジテレビ」「テレビ朝日」

大谷翔平

おおたにしょうへい　プロ野球選手。1994年7月5日、岩手県生まれ。身長193センチ、体重95キロ、右投げ・左打ち。花巻東高校から2012年ドラフト1位で北海道日本ハムファイターズ入団。近代プロ野球では不可能と言われた投手と打者を兼任する"二刀流"に挑戦し、注目を集める。2016年はファイターズを日本一に導き、自身もパ・リーグMVP。プロ4年間で投手として39勝13敗、打者では打率.275、40本塁打。2017年オフにMLBのロサンゼルス・エンゼルスへ移籍。2018年にア・リーグ新人王を獲得。2021年はア・リーグMVPに選出。2023年はWBCにて侍ジャパンの世界一を導き、シーズンでも本塁打王、MVPを獲得する活躍。ロサンゼルス・ドジャースと10年7億ドルの契約を結んだ。

不可能を可能にする
大谷翔平120の思考

2017年 3 月 1 日第 1 刷発行
2024年10月20日第12刷発行

著　　者　大谷翔平

発 行 人　木本敬巳
構　　成　丸井乙生(株式会社アンサンヒーロー)
編　　集　大澤直樹／島川真希／光石達哉(株式会社アンサンヒーロー)
協　　力　株式会社北海道日本ハムファイターズ
写　　真　株式会社北海道日本ハムファイターズ
　　　　　SAMURAI JAPAN via Getty Images(P32)
　　　　　朝日新聞社(P88)

発行・発売　ぴあ株式会社
　　　　　〒150-0011
　　　　　東京都渋谷区東1-2-20　渋谷ファーストタワー
　　　　　編集／03(5774)5262　販売／03(5774)5248
印刷・製本　TOPPANクロレ株式会社

ISBN 978-4-8356-3815-7